平叙文の文末形式に関する日韓対照研究

－エヴィデンシャルティと意味論・語用論の観点から－

文 彰 鶴 著

제이앤씨
Publishing Company

まえがき

日本語と韓国語は、共通して膠着型言語として分類され、語順、格の組織、敬語の体系などといった言語構造において、非常に似ているとされている。実際、日韓の両言語における、このような類似性については、数多くの研究の蓄積もある。

しかし、日韓対照研究の現状は、次のような塚本(1997:41)の指摘のとおりである。

「日本語と朝鮮語の間でどこが似ており、またどこが異なっているか、といった表面的な観察・指摘に終始してしまっている論考が圧倒的に多い。日本語と朝鮮語は非常に似ている言語であるため、特に両言語間の相違点が発見できれば、それだけで良しとするものが頻繁に見受けられるのである」

述語の文法カテゴリーのうち、ヴォイス、アスペクト、テンスなどの分野においては、表面的な観察中心の研究を超えて、体系的な研究も発表されつつあり、大きな進展もあったと見受けられる。しかし、述語の文法カテゴリーのうち、特にモダリティと関わる文末形式については、体系的な研究はもちろん、表面的な観察中心の研究もあまりないというのが現状である。

筆者は、日本語と韓国語の文末形式について、修士課程から興味を持ち始めていたが、本格的な分析を始めたのは博士課程に入ってからである。当時、先行研究などを調べたところ、表面的な観察中心の研究さえあまりないということが分かり、一方ではなぜこのような研究がないのか不思議に思いながら、日韓の用例を集めて分析に入った。従来の研究がそうであるように、筆者も、日本語の終助詞と韓国語の終結語尾の対応関係に焦点をあてて分析を行った。しかし、日本語の終助詞と韓国語の終結語尾の間でどこか似ており、またどこが異なっているか、といった表面的な言語現象さえ捉えにくかった。対応しているようで対応しなかったりして、一貫性のある基準をもち説明することができなかったのである。このような問題で2～3年間苦労しているうち、日本語の終助詞と韓国語の終結語尾が対応するという考え方自体に問題があるのではないかという疑問が生じ、別の角度から日韓の文末形式を捉えてみてはどうかと考えるようになった。

その際、情報の出所(the source of information)を表す“エヴィデンシャルティ(evidentiality)”という文法カテゴリーに関する観点と、言語形式の分析において言語形式自体が有する言語的意味、つまり“意味論的意味”と言語形式の具体的な使用における解釈、つまり“語用論的意味”を区別する必要があるという観点から、韓国語の終結語尾を日本語の終助詞のみならず確言形まで広げて理解するのはどうかという考え方に至るようになった。このような立場から、日韓の平叙文の文末形式における単純な対応関係を取り上げる表面的な観察中心の研究を超えて、日本語と韓国語、各々の体系を分析し、その体系を対照するという体系的な研究を心がけて、研究を進めた。このように新たに提案する本書の視点が、日本語と韓国語の文末形式を理解するに当たって、少しでも役に立つところがあったらと思う次第である。

本書の完成にあたって、まず日ごろ激励、ご教導下さった指導教官の生越直樹先生に衷心より感謝を申し上げたい。先生は研究に対する姿勢や実証の方法、論の立て方、最後の論文修正まで、そして個人的な生活面においても温かく励まし、辛抱強くご指導下さった。

そして、東京大学の野村剛史先生、近藤安月子先生には、副査としてご指導を頂いた。修士の時から、両先生の授業に参加して、言語理論の基礎から言語分析の技法、言語に対する洞察力など、幅広い観点から細かくご指導頂いた。両先生に心からの感謝を捧げたいと思う。

副査として、論文の最後の段階でお世話になった東京大学の福井玲先生、名古屋大学の堀江薫先生に厚く御礼を申し上げたいと思う。福井玲先生からは、韓国語の言語現象、特にイントネーションなどの音韻関連の現象についても細かくご指導頂いた。そして、堀江薫先生からは、一般言語学的な観点と類型論的な観点からご指導を頂いた。特に、堀江薫先生からは2009年度「日本言語学会第138回大会」のワークショップ(日韓語の文末形式の対照研究の新展開－構文論的・語用論的機能の対比を中心に－)に参加する機会を頂いて、その発表をきっかけに本書の内容が少しずつ具体化できた。

脳血会という研究会のメンバーである、幸松英恵さん、松永奏吾さん、野田高広さんからは、大変多くの刺激と示唆とあたたかい励ましをいただいた。特に、構想の段階から最後の修正の段階まで丁寧につきあって下さった幸松英恵さんの励ましがなかったら、本書の完成はありえなかったであろう。心より感謝申し上げたいと思う。

目 次

平叙文の文末形式に関する日韓対照研究

－エヴィデンシャルティと意味論・語用論の観点から－

平叙文の文末形式に関する日韓対照研究

－エヴィデンシャルティと意味論・語用論の観点から－

平叙文の文末形式に関する日韓対照研究

－エヴィデンシャルティと意味論・語用論の観点から－

第1章

序　論

1.1. はじめに

日本語と韓国語は、共通して膠着型言語として分類され、言語構造において類似点が多いとされている。両言語の類似点に関する梅田(1990)の指摘を挙げると次のとおりある(梅田1995、生越1989、堀江2001も参照)。

(1) 「日本語、朝鮮語、そしてアルタイ諸語に共通する言語構造上の類似点として、よくあげられる特徴の中に、主語が述語の先に立つ、修飾語が被修飾語の前に立つ、補語や目的語がそれを支配する動詞に先立つ、動詞の語幹が特定の語尾をとって連体形、連用形がつくられ、それが更に主語、目的語、補語をとって複文がつくられるなどの特徴がある。これをひと言で言えば、「語は、話線の方向に規定され、重要な語または単位は常に後に位し、それを規定するものは、常にそれに先行してそれに従属する」(河野六郎1989)ということになる。さらに、日本語では主語は必要に応じてしか表さない。朝鮮語は日本語に比べると、もう少し主語を示す場合が多いけれども、主語の表示のない述語だけの文を使うことが多い。このように日本語や朝鮮語では、述語が文の最後に位置して文の要となる。」(梅田1990:43)

このような指摘からも分かるように、日本語と韓国語では一般に文の要となる述語が文の最後に位置し、その述語には次のような文法カテゴリーを表す様々な語尾(研究者によっては接辞、助動詞ともいう)が現れうる。

(2) {{{{{{{ 見} ラレ} テイ} ナカッ} タ} デショウ}
{{{{{{{語根}ヴォイス}アスペクト}みとめ方}テンス}事態めあてのモダリティ}
ネ}
発話・伝達のモダリティ/丁寧さ} (仁田1997a:142をまとめて引用)

(3) {{{{{{ 보} 시} 었} 겠} 지} 요}
{{{{{{語根}尊敬}過去}意思[1)]}待遇法・叙法}丁寧さ}
(梅田1990:45-46、1995:6-11をまとめて引用、一部改変)

以上のような述語(特に、動詞述語)の文法カテゴリーのうち、ヴォイス、アスペクト、テンスなどに関する対照研究は比較的多い。一方、モダリティと関わる日韓の文末形式は、通常、日本語では「事態めあてのモダリティ(認識のモダリティともいう)」と「発話・伝達のモダリティ(表現類型のモダリ

1) 韓国語の-겠(keyss)-は、文脈によって「推量」あるいは「意志」の意味を表し、梅田(1990)では「推量」と「意志」の上位概念として「意思」を設けている。

ティともいう)」を表す形式であり、韓国語では「意思(非文末叙法ともいう)」と「待遇法(対者敬語法ともいう)・叙法(文末叙法ともいう)」を表す形式であるとされるが、このようなモダリティの文末形式に関する対照研究は少ないように見受けられる[2)]。対照言語学的な観点において、日韓の述語の構造についての理解を深めるためには、このようなモダリティの文末形式に関する日韓の対照研究も必要であると考えられる。そこで、本稿では、モダリティの文末形式を対象とし、日韓の対照研究を行いたいと思う。

1.2. 本稿の考察対象 – ＜平叙文＞の「確言形」と「概言形」 –

本稿では、モダリティに関わる日韓の文末形式のうち、＜平叙文＞の「確言形」と「概言形」を考察対象とする。本節では、「文の類型」と「認識のモダリティ」を中心に、日韓両言語におけるモダリティの文末形式を概観し、そのうち、本稿の考察対象となる日韓の＜平叙文＞の「確言形」と「概言形」の範囲を確認することにする。

1.2.1. 日本語と韓国語の「文の類型」における＜平叙文＞

「文」は、話し手が発話する際に、情報のやり取り、あるいは行為実行の表明・要求といった伝達的な機能を持つ。このような文の伝達的な機能、つまり＜平叙文＞、＜疑問文＞、＜命令文＞、＜勧誘文＞といった

2) ヴォイス、テンス・アスペクトに関する代表的な研究としては、安平鎬(2001)、生越(1980、1982、1995、1997、2008)、鷲尾(1997)、許明子(2004)、鄭聖女(2006)などが挙げられる。日韓の対照研究の動向については、塚本(1997)、日本語文法学会誌展望小委員会(2006)などを参照されたい。

「文の類型」は、次の(4)と(5)のように「発話・伝達のモダリティ(つまり、表現類型のモダリティ)」あるいは「文末叙法」と関わるとされている。

(4) 日本語の場合

「表現類型のモダリティとは、伝達的な機能の表し分けという、文の基本的な性質を決めるものである。表現類型のモダリティの代表は、「する」「しよう」「しろ」「するか」という形態的な対立で表わされる、叙述、意志・勧誘、命令、疑問などである。(日本語記述文法研究会2010:50(宮崎2002aなども参照))」

(5) 韓国語の場合

「文末語尾(本稿での「終結語尾」:引用者注)は一方では平叙文(declarative)、疑問文(interrogative)、命令文(imperative)、勧誘文(propositive)のような文の種類を区分する役割を担当し、同時に敬語法のうちで聴者に対する尊敬の等級を表示する機能(つまり「対者敬語法(「丁寧体」と「普通体」):引用者注)を遂行する。(李翊燮他2004:183(Han,K.2006なども参照))」

「文の類型」の立て方は、一般に意味機能を中心として分類する方法と形態的な対立を中心として分類する方法に大別できる[3]。本稿では、意味

3) 意味機能を中心とした分類として代表的なものは、次のようなものがある。
- 仁田(1991)－働きかけ(命令、依頼、禁止、誘い掛け)、表出(意志・希望、願望)、述べ立て(現象描写文、判断文)、問いかけ(判断の問いかけ、情意・意向の問いかけ)
- 益岡(1991)－演述型、情意表出型、訴え型(命令・依頼系、勧誘系)、疑問型、感嘆型
- 日本語記述文法研究会(2003)－叙述、疑問、意志、勧誘、行為要求(命令、依頼)、感嘆
- Ko,Y.K.(1974)とYoon,S.M.(2000)－설명법(説明法)、감탄법(感嘆法)、약속법(約束法)、의문법(疑問法)、명령법(命令法)、허락법(許諾法)、경계법(警戒法)、공동법(共同法)

機能を中心とする方法はその区別に曖昧な場合もあるので[4]、上の(4)と(5)のような形態的な対立を中心とした分析を継承して、「文の類型」を次のように分類し、規定することにする。

	日本語	韓国語[5]	基本的な伝達機能
平叙文	スル	합니다(ha-pnita)[6]	情報を述べ立てる(聞き手に伝える)
勧誘(意志)文	シヨウ	합시다(ha-psita)[7]	行為の実行を誘いかける(意志を表明する)
命令文	シロ	하십시오(ha-sipsio)	行為の実行を要求する
疑問文	スルカ	합니까(ha-pnikka)	情報を聞き手から引き出す

表1.1. 日本語と韓国語における形態的な対立を中心とした「文の類型」

このうち、本稿では基本的に“情報や話し手の判断を述べ立てる(聞き手

・Kim,M.S.(1960)－설명형(説明型)、의문형(疑問型)、질문형(質問型)、응락형(応諾型)、명령형(命令型)、소원형(所願型)、경계형(警戒型)、청유형(請誘型)、추측형(推測型)、감탄형(感嘆型)

そして、形態的な対立を中心として分類した立場では、特に<基本叙法>と言い、述語の語形変化(いわゆる活用)と形態論的展開によって形作られた語形相互のパラディグマティックな対立関係を重視して分類するのが一般的である。

・宮崎(2002a)－叙述、意志(勧誘)、命令

・森山(2000)－命令形、意志(勧誘)形、非現実形、終止形

・Choi,H.B.(1937)－베풂월(叙述形)、물음월(疑問形)、시킴월(命令形)、꾀임월(請誘形)

・Han,K.(2006)－서술법(叙述法)、물음법(疑問法)、꾀임법(請誘法)、시킴법(命令法)

4) 例えば、「窓を開けてくれませんか?」のような文は、意味機能の面において、行為を要求する、いわゆる<依頼文>としても分類できるが、相手に答えを要求する<疑問文>としても分類でき、その区別が曖昧である。

5) 韓国語の形態は「対者敬語法」のうち「합쇼(hapsyo)体」の例を挙げる。「対者敬語法」についてはすぐ後で説明する。

6) 以下、韓国語の形式を表すにあたって、初出には韓国語表記とローマ字表記(Yale式に従う)を併記するが、再出からはローマ字表記のみを示す。

7) 韓国語においては、「합시다(ha-psita)」では「意志」を表すことができず、「意志」を表すためには、主に「-겠(keyss)-」あるいは「-ㄹ 것이(lkesi)-」を用いる。

に伝える)”という伝達機能を有する＜平叙文＞を考察対象とする。他の「文の類型」についても考察すべき問題は多いが、本稿では立ち入らないことにする。これは、1.3「問題のありか」で詳しく述べるが、日韓の＜平叙文＞の文末形式の対応関係に関する問題は、日韓の文末形式の対応関係を理解するにあたって、先決されるべき、基本的な問題であると考えるからである。

一方、(4)と(5)から分かるように、文類型は「対者敬語法」とも関係があるので、ここで日韓両言語の「対者敬語法」について簡単に確認する。日本語の「対者敬語法」は比較的に簡単で、「丁寧体」と「普通体」に分けることができる。韓国語の「対者敬語法」は少々複雑で、해라(hayla)体、하게(hakey)体、하오(hao)体、합쇼(hapsyo)体、해(hay)体、해요(hayyo)体のように、6等級に分かれる。このうち、hakey体、hayla体、hay体は日本語の「普通体」に当たり、hao体、hapsyo体、hayyo体は日本語の「丁寧体」に当たる。hay体、hayyo体は、主にうちとけた場面で使われる「非格式体」であるのに対して、その他は主にかしこまった場面で使われる「格式体」である。特に、hayyo体は、hay体に「丁寧さ」を表す終結助詞요(yo)を付けて作られる(以下、hayyo体とhay体を総称してhay(yo)体と表記する)。ただし、この6等級のうち、hakey体とhao体は、一部の階層や方言においてはまだ使われていても、現代韓国語の標準語としてはあまり使われなくなっているので(Han,K.2006参照)、本稿では対象外とする。

“書く”と“적다(cekta、書く)”の例を挙げ、以上の日本語と韓国語の「対者敬語法」を本稿の考察対象である＜平叙文＞を中心にまとめると次のようである。

	日本語の＜平叙文＞	韓国語の＜平叙文＞			
		格式体		非格式体	
丁寧体	書きます	hapsyo体	적습니다(cek-supnita)	hayyo体	적어요(cek-e-yo) 적네요(cek-ney-yo) 적군요(cek-kwun-yo) 적지요(cek-ci-yo)
普通体	書く	hayla体	적는다(cek-nunta)	hay体	적어(cek-e) 적네(cek-ney) 적군(cek-kwun) 적지(cek-ci)

表1.2. 日本語と韓国語の「対者敬語法」

表1.2にまとめられる内容のうち、特記すべき点が一つある。それは、日本語の＜平叙文＞の終止形(丁寧体と普通体)に対応する韓国語の＜平叙文＞の終結語尾は「格式体」であるか、それとも「非格式体」であるかによって、その対応個数が異なる、という点である。つまり、日本語の終止形(丁寧体と普通体)に対応する韓国語の「格式体」の終結語尾(hapsyo体「습니다(-supnita)」とhayla体「는다(-nunta)」)は一つしかない。しかし、日本語の終止形(丁寧体と普通体)に対応する韓国語の「非格式体(hay(yo)体)」の終結語尾(「어(요)(-e(yo))」、「네(요)(-ney(yo))」、「군(요)(-kwun(yo))」、「지(요)(-ci(yo))」)は四つ[8)9)]もある。この中で、本稿で

8) Han,K.(2006)ではhay(yo)体の＜平叙文＞の終結語尾として26個を挙げており、その26個の終結語尾を複合形(-ulanikka、-nuntakoなど)と単純形とに分類している。本稿ではさらに単純形を接続語尾としても使われるもの(-nuntey、-koなど)と純粋に終結語尾として使われるもの(-ney、-ci、-kwun、-e)とに分けて後者の4つのみを考察対象とする。
このうち、-eは接続語尾と考えられる可能性もある。しかし、接続語尾の-eは過去の-ess-や推量の-keyss-が接続不可能であるのに対し、終結語尾の-eは他の終結語尾と同様に-ess-や-keyss-が接続可能なので、本稿では接続語尾の-eと終結語尾の-eは別の形式として見なす。
そして、複合形や接続語尾としても使われるものも、＜平叙文＞としての"聞き手に情

は、日本語の＜平叙文＞の終止形に対応する形式として、韓国語のhay(yo)体の終結語尾四つ(「-e(yo)」、「-ney(yo)」、「-kwun(yo)」、「-ci(yo)」)に限定して考察することにする。その理由については1.3「問題のありか」で詳しく述べる。

1.2.2. 日本語と韓国語の認識のモダリティにおける「確言形」と「概言形」

話し手が＜平叙文＞を発話して、情報を述べ立てる(聞き手に伝える)際、その情報に対してどのような認識を持っているかという話し手の判断を伴うことになる。これは通常「認識のモダリティ」と呼ばれるものであり((2)と(3)から言えば「事態めあてのモダリティ」あるいは「非文末叙法」に当たる)、「文の対象的な内容としての事態に対する話し手の認識的な捉え方を表す文法カテゴリー」である(仁田1991、益岡1991、日本語記述文法研究会2003など参照)。

日本語の「認識のモダリティ」は、基本的に次のような有標形式(ダロウ、ヨウダ、ミタイダ、ラシイ、カモシレナイなど)の「概言形」と無標形式(ル／タ)の「確言形(あるいは断定形)」の対立を成している(寺村1984、仁田

報や話し手の判断を伝える"という機能を持っている。しかし、本稿で行っている「文の類型」の立て方は、基本的に文を終結させる語形変化(活用語尾)の「形態的な対立」を優先しており、複合形や接続語尾としても使われるものは、＜平叙文＞としての機能を持っているとしても、このような文を終結させる語形変化(活用語尾)という基準からは外れているので、本稿では一応対象外とする。
例えば、本来「逆接」を表す接続語尾-nunteyが文末に使われる場合は、日本語においても「逆接」を表す接続助詞「ケド」が文末に使われる場合(日本語学ではこのような場合を「言いさし文」とする(白川2009参照))があるので、形式的な組成や意味用法においてこの両者を対照比較した方が良いと考えられる。そして、話し手の伝える内容を強調する機能を持つ「引用形式＋接続語尾」という組成で構成されている-ulanikkaも、日本語に「引用形式＋接続助詞」という組成で同様の機能を持つ(と思われる)「ッテバ」などがあるので、この両者を対照比較した方が良いと考えられる。

9) 以下では形態素の境界を表す「－」は省略する。

2000、宮崎2002bなど参照)。形態的には、「確言形」に概言を表す形式が後接することによって「概言形」となる。仁田(2000)は「確言は、命題内容を、確かなものとして捉え、成立させたものである。それに対して、概言は、命題内容を、不確かさを含むものとして、想像・思考・推論の中で捉えることによって、成立させたものである[10](p.94)」と規定している。本稿でも、このような従来の研究に従うことにする。

(4) 明日は雨が降る{だろう／かもしれない／らしい}。(宮崎2002b:121)

(5) 昨日は雨が降った。(宮崎2002b:121)

韓国語においても、基本的に次のように「概言形」と「確言形」とに大別することができる[11]。形態的には表1.2に挙げた「終結語尾」が「確言形」となり、このような「確言形」に概言を表す形式(겠(keyss)、ㄹ것이(lkesi)、ㄹ지도모르(lcitomolu)、ㄹ것같(lkeskath)など)が前接することによって「概言形」となる。

---

10) 「確言形」と「概言形」の対立を仁田(2000)のように「確かさ」と「不確かさ」の対立で捉える研究もあるが、尾上(2001)、野村(2003)のように「現実」と「非現実」の対立で捉えたり、奥田(1984)、宮崎(2002b)のように「直接性」と「間接性」で捉えたりする研究もある。

11) 韓国語学では「概言形」あるいは「確言形」という用語を用いず、研究者によって異なる用語を使っている。例えば、Seo,J.S.(1996)では「概言形」に当たる「推定法」を「문장 내용을 두고 말하는이가 짐작, 추측 또는 불확실한 태도를 드러내는 서법을 일컫는다.(文の内容に対して推し量り、推測、または不確かな態度を示す叙法を指す(p.307、引用者訳))」と説明し、「確言形」に当たる「叙述法」を「사실의 진술에 중점이 놓이는 서법이다. 곧 서술법은 어떤 주어에 대하여 말하는이가 인식한 그대로 진술하는 태도를 보이는 것이다.(事実の陳述に重点が置かれる叙法である。つまり、叙述法はある主語に対して話し手が認識したそのままを陳述する態度を見せるものである(p.334、引用者訳))」と説明している。本稿では、分析の便宜のために、日本語学の方の用語を用いることにする。

(6) 내일도 비가 오{겠／ㄹ 것이／ㄹ지도 모른／ㄹ 것 같／ㄹ 모양이／ㄹ 듯 하}다. (Seo,J.S.1996:307-308一部改変)

(7) 밖에 사람들이 많이 모였{다／습니다／어요／ 군요 ／네요／지요}. (Seo,J.S.1996:336一部改変)

このように日韓両言語の<平叙文>は「認識のモダリティ」の観点から基本的に「確言形」と「概言形」とに分けることができる。<平叙文>に対する日韓の対応関係の全体像を把握するためには、「確言形」と「概言形」双方ともを視野に入れて検討する必要があると考えられる。従って、本稿では、「確言形」と「概言形」を対象として考察を行うことにする。特に、「概言形」の場合は、その核心的な形式である「推量形」を中心に考える。

1.3. 問題のありか

本稿では、1.2で述べたような、日韓両言語における<平叙文>の「確言形」と「概言形」を対象として考察する。しかし、「確言形」を取り上げる際に幾つか考えるべき問題がある。

まず、日本語の<平叙文>の「確言形(つまり断定形)」に対応する韓国語の<平叙文>の終結語尾についてである。表1.2で見たように、日本語の「確言形」に対応する韓国語の終結語尾は、「格式体」の場合は一つしかないが、「非格式体(hay(yo)体)」の場合は四つもある。このような日韓の言語現象(言語事実)を理解するに当たって、どちらの方が問題になるであろうか。

前者の「格式体」の場合は、日本語の「確言形」に対応する韓国語の終結語尾は一つしかないので、次のように一対一の対応で理解してさほど大きな問題はないように考えられる。

(8)　日本語　韓国語

丁寧体 ： 書きます ⟷ 적습니다(cek-supnita) ： hapsyo体

普通体 ： 書く ⟷ 적는다(cek-nunta) ： hayla体

一方、後者の「非格式体」の場合は、日本語の「確言形」に対応する韓国語の終結語尾は四つもあり、日本語の「確言形」を韓国語の四つの終結語尾にどのように対応させたら良いのか、という問題が生じる。

(9)　日本語　韓国語

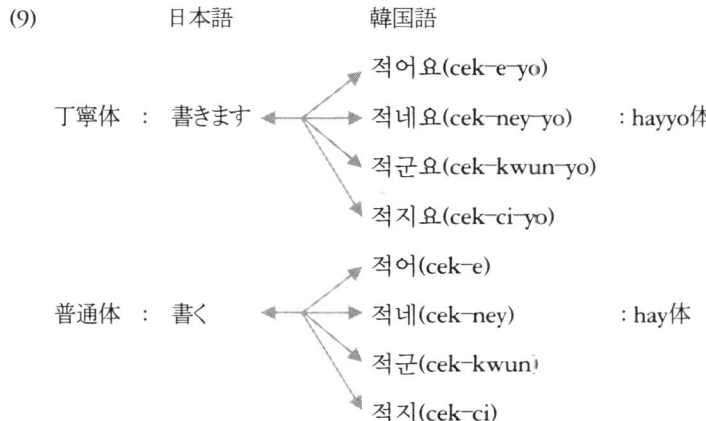

丁寧体 ： 書きます ⟷ 적어요(cek-e-yo) / 적네요(cek-ney-yo) / 적군요(cek-kwun-yo) / 적지요(cek-ci-yo) ：hayyo体

普通体 ： 書く ⟷ 적어(cek-e) / 적네(cek-ney) / 적군(cek-kwun) / 적지(cek-ci) ：hay体

そこで、本稿では日本語の「確言形」に対応する韓国語の終結語尾において、問題となる「非格式体(hay(yo)体)」に限って考察することにする。

しかし、ここでもう一つ考慮すべき点がある。それは、日本語の「確言形」には次のようにヨ、ネなどの終助詞が承接でき、韓国語＜平叙文＞の終結語尾に対応しているようにも見えるということである。

(10)

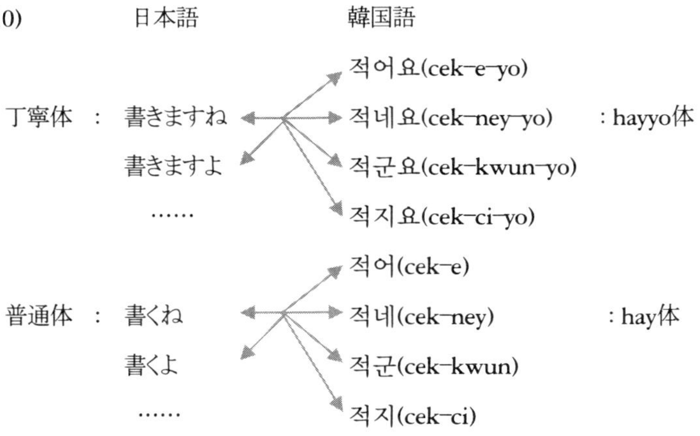

実際、先行研究において、韓国語のhay(yo)体の終結語尾は意味機能においてヨ、ネ、ヨネ、ダロウ[12)]といった終助詞(相当形式)との対応に焦点を当てて分析を行う場合が多い(金賢善1994、野間1997、平2009など)。確かに、韓国語のhay(yo)体は「非格式体」で主に会話文で使われるために、日本語小説の原本と韓国語の翻訳本の例などを見ると次のように日本語の終助詞に韓国語のhay(yo)体の終結語尾が対応しているような場合が多い((11)ではネにci(yo)が対応し、(12)ではネにney(yo)が対応している)。

(11) a.「いい人だったけど、親父も早く死んだ<u>ね</u>」[類[13)]]

b.“좋은 사람이었지만, 부친도 일찍 돌아가셨<u>죠</u>?”[볼]

---

12) ここでのダロウはいわゆる「推量」の用法を表すものではなく、「確認要求的」な用法を表すものである。この「確認要求的」な用法を表すダロウは、丁寧形がありうるなどの語形変化があり、厳密な意味では「終助詞」とは言えない。しかし、他の終助詞と同様に、ダロウも聞き手への持ちかけなどの伝達機能を有するので、終助詞相当形式とみなすことにする。森山(2000:34-36)でもダロウを広義終助詞類として扱っており、本稿では森山(2000)と同じ立場をとる。

13) 例文の出典は最後の頁参照。出典のないのは作例である。

(12) a.「みんな駅に向かってるね、この流れに乗って一緒に歩こうよ、お祭りみたいで楽しいじゃん。」{蹴}

b.“사람들이 전부 역으로 가고 있네.…略…” {발}

しかし、次のような終助詞の承接しない「確言形」に対しても、韓国語のhay(yo)体の終結語尾が対応している場合も多く見られる(日本語の「確言形」に(13)ではney(yo)が対応し、(14)ではci(yo)が対応している)。

(13) a.「気分悪そうですね。人がいるのが鬱陶しいという顔をしている」{類}

b.“…略…사람이 있는게 성가시다는 표정이네요.”{블}

(14) a.「私達のお父さんとお母さんは、どんな人達だったの？」

「優しい人達だったよ。…略…私達はみんなで、庭に池のある家に住んでいた。」{哀}

b.…略…“정원에 연못이 있는 집에서 살았지.” {슬}

このような例からも分かるように、日韓両言語の＜平叙文＞の文末形式の対応関係を分析するためには、日本語の「確言形」と韓国語のhay(yo)体の終結語尾との対応関係も考える必要があると思われるが、管見の限りでは、そういう研究は存在しない。そこで、本稿では、日本語の「確言形」と韓国語のhay(yo)体の終結語尾の対応関係も分析する必要があるという点を提案する。

上で述べたように本稿では、韓国語のhay(yo)体の終結語尾を日本語の「確言形」との対応関係に焦点を当てて分析する立場を取るが、このような立場とは反対に、日本語の終助詞との対応関係に焦点を当てて分析しなければならないような場合も、確かに存在する。それは、次のように韓国語のhay(yo)体の終結語尾ney(yo)、kwun(yo)、ci(yo)が、＜平叙文＞

の機能以外に、日本語の終助詞(相当形式)ネ、ダロウなどと同様に、聞き手に確認や同意を求めたりする「確認要求的表現」として用いられる場合である。例えば、(15)は聞き手に確認を求めており、終結語尾ci(yo)に終助詞ネが対応している。そして、(16)は聞き手に同意を求めており、終結語尾ney(yo)、kwun(yo)に終助詞ネが対応している。このように「確認要求的表現」における日韓の対応関係を分析するためには、韓国語のhay(yo)体の終結語尾を日本語の終助詞(相当形式)に焦点を当てて、その対応関係を分析しなければならないが、これは韓国語のhay(yo)体の終結語尾を日本語の確言形に焦点を当てて分析する立場とは相反することになる。このような問題はどのように説明すれば良いかについても取り上げなければならないであろう。

(15) (過去に聞き手から聞いた情報について)

① 「あの人、あなたのことを俺の妻だと間違ったことがあったね」

「ええ。あの時はびっくりした」[柔]

② “그 사람, 당신을 내 아내라고 착각했었지? ”[볼]

(16) (普段より早く帰って来た夫が玄関から入ってくる)

① 「今夜は早かったんですね」…略…

「急に会議がひとつ中止になったんだ」[ブ]

② “오늘 저녁은 일찍 오셨{네／군}요?”[브]

最後に、考えるべきもう一つの問題がある。それは、韓国語の終結語尾ci(yo)は、＜平叙文＞以外にも、説明疑問[wh疑問]用法((17))、命令用法((18))、勧誘用法((19))、意志用法((20))として使われるなど、様々な意味用法を持っており、これらの用法は、＜平叙文＞とは呼べないように思える。このような韓国語の終結語尾ci(yo)の多義性についてはどのように説明すれば良いかという問題についても分析する必要があると考えられる。

(17) 그래서 그 날 네가 몇 시에 왔었지? (Jang,K.H.1985:122)

(18) 나 좀 도와 주지. (Han,K.2004:135)

(19) 우리 같이 산에 가지. (Han,K.2004:135)

(20) 내가 설명하지. (Han,K.2004:133)

以上では、日韓両言語における＜平叙文＞の「確言形」の対応関係を考察するに当たって、検討すべき問題を述べてきた。その内容をまとめると次のようである。

(21) 日韓両言語における＜平叙文＞の「確言形」を考察するために検討すべき問題

① 韓国語のhay(yo)体の終結語尾が担う意味に対応するものとして、日本語の終助詞ではなく、「確言形」に焦点を当てて分析できるか。

② 韓国語のhay(yo)体の終結語尾と日本語の＜平叙文＞の「確言形」との対応に焦点を当てて分析する立場をとると、韓国語のhay(yo)体の終結語尾が日本語のネやダロウといった終助詞(相当形式)のように「確認要求的表現」として用いられる場合はどのように説明すれば良いか。

③ 韓国語のhay(yo)体の終結語尾と日本語の＜平叙文＞の「確言形」との対応に焦点を当てて分析する立場をとると、韓国語の終結語尾ci(yo)における、＜平叙文＞以外の用法についてはどのように説明すれば良いか。

以上のような問題を、本稿では「知覚表明」と「知識表明」というエヴィデンシャルティ的な概念を中心に検討していきたいと思う。そして、特に日韓の文末形式の対応関係を理解するためには、「意味論」的意味と「語用論」的意味を区別する必要があるという点も提案する。

1.4. 本稿の立場

1.4.1. エヴィデンシャルティの観点 –「知覚表明」と「知識表明」–

本稿では、1.3で見たような問題を検討するに当たって、次のように規定する「知覚表明」と「知識表明」というエヴィデンシャルティ的な概念を中心に分析していく。

(22) 「知覚表明」とは"話し手が発話時に発話現場で感覚器官によって知覚した内容の表明"であり、「知識表明」とは"話し手が既に知識として定着させている内容の表明"である。

このような「知覚表明」と「知識表明」という概念は、本稿では第2章で日本語と韓国語の確言形に関わる言語現象に基づき、規定することになるが、このような「知覚表明」と「知識表明」という区別は「情報の出所(the source of information)」を表すエヴィデンシャルティ(evidentiality[14])とい

---

14) エヴィデンシャルティ(evidentiality)に関する代表的な定義を挙げると次のようである。
・markers that indicate something about the source of the information in the proposition.(Bybee1985:184)
・evidentiality is that the linguistic means of indicating how the speaker the information on which s/he bases an assertion. (willet1988:55)

う文法カテゴリーと関係があると考えられる(その中でも特に直接証拠(direct evidence)と)。「知覚表明」は文の情報の出所が話し手の知覚内容であることを表しており、「知識表明」は文の情報の出所が話し手の知識内容であることを表していると言えるであろう。実際、Lee,H.S.(1991、1993、1999)のように韓国語の文末形式をエヴィデンシャルティの形式として見なし、分析を行っている場合もある。

本稿におけるこのような規定は、一見、Bolinger(1974)と堀江(2002)、堀江・プラシャント(2009)などによる、一連の機能主義言語学的な研究(特に補文選択現象の分析)で用いる概念と似ているようにも見える。本小節では、Bolinger(1974)と堀江(2002)、堀江・プラシャント(2009)の分析内容を(簡単ではあるが)検討し、本稿の立場との異同を確認することにする[15)]。

英語において、次のように補文として不定詞をとる構文で、to不定詞(toのつく不定詞)をとる場合((23)(A))と原形不定詞(toのつかない不定詞)をとる場合((23)(B))がある[16)]。

(23) (A) I *know* you to be a kind person.

It *proves* this mixture to have the right ingredients.

We *hold* these facts to be self-evident.

・Evidential values indicate the source of information the speaker has for P(described situation).(Plungian2001:351)

15) 補文の選択現象に関する研究史については、堀江(2002)、堀江・プラシャント(2009)に詳しい紹介がある。

16) ただし、Bolinger(1974:66) では(B)グループの動詞(知覚動詞perceptual verbs)は次のようにto不定詞をとることもあり、その場合はthat節をとる場合と同様に、(A)の概念的な意味として用いられていると指摘している(次の例のsawはunderstandの意味として用いられている)。

・I saw it to be true=I saw that it was true. (Bolinger1974:66)

It wouldn't *bet* this to be worth more than two hundred.

Didn't I *catch* your name to be something like Smaloff?

(B) They *saw* it happen.

She *watched* the car turn the corner.

I have *viewed* them pass in full parade.

She *felt* the medicine take effect.

Listen to her sing!

Look at him run! (Bolinger1974:65)

このような現象について、Bolinger(1974)では次のように「Percept(知覚)((23)(B))」」対「Concept(概念)　((23)(A))」といった動詞の意味的対立によって分析している。

(24) The two verb classes are semantic, and there is some interchange between them. But the constructions of which they are typical serve to keep them apart. One class is conceptual. It refers to our hold on *fa-cts,* and includes knowing, believing, proving, judging, understanding, discovering, assuming, inferring, sa-ying and similar meanings. The other class is perceptual. It refers to our *laying* hold of *sense data,* and includes seeing, hearing, obserbing, perceiving, and the like. (Bolinger1974:65)

そして、堀江(2002)と堀江・プラシャント(2009)では、上で述べたようなBolinger(1974)の分析に着目し、「Percept(知覚)」対「Concept(概念)」という意味的区別を「直接知覚事象」(Directly perceived event;DPE)対「間接知覚事象」((抽象的)概念)(indirectly perceived event;IPE)という類型論的パラメターとして一般化した。堀江(2002)と堀江・プラシャント(2009)では、このような区別が、補文構造においてどのような統語的手段(定形補文・非定形補文の選択)によって表されているかを、複数の言語を調査し通言語的な傾向を明らかにした。このうち、アラビア語(モロッコ方言)と英語、日本語の例を挙げる[17]。

(25) 非定形補文がDPEを、定形補文がIPEをコード化する言語

(アラビア語(モロッコ方言))

(DPE) (ⅰ) šəftha　*daxla*　*le-D-DaR*　(堀江2009:144-145)

I=saw=her　enter.PART　to-the-house

'I saw *her entering the house*.'　(分詞補文)

(IPE) (ⅱ) fhemt　belli　l-fəllaH　qtəl　d-džaža.

I=understand　that　the famer　killed　the chicken

'I understand *that the farmer killed the chicken*.'

(定形補文)

アラビア語(モロッコ方言)では、seeに当たる動詞は、DPEをコード化する非定形補文(分詞補文)をとり、understandに当たる動詞は、IPEをコード化する定形補文をとる。

(26) 非定形補文がDPE/IPE両方をコード化し、定形補文がIPEをコード化する言語(英語)

(DPE) (ⅰ) I saw Mary cross/crossing the street

(原形不定詞・現在分詞補文)(堀江2009:145)

---

17) 堀江・プラシャント(2009:144-150)では、フランス語やクメール語、ロシア語、韓国語などの例も分析している。

(IPE) (ⅱ) I can't understand John stealing money.　(動名詞補文)

(ⅲ) I found the chair to be comfortable.　(to不定詞補文)

(ⅳ) I thought that Mary had crossed the street.　(定形補文)

英語では、 seeという動詞は、DPEをコード化する非定形補文(原形不定詞・現在分詞補文)をとり、understand、find、thinkという動詞は、IPEをコード化する非定形補文(動名詞補文・to不定詞補文)と定形補文両方ともとりうる。

(27) 定形補文によってDPE、IPE両者をコード化し、かつ異なる補文化辞によって両者を区別する言語(日本語)

(DPE) (ⅰ) 真理は[妙子が通りを渡る]{の／ところ}を見た。

(堀江2009:147)

(IPE) (ⅱ) 真理は[妙子が通りを渡った] {ことを／と} 知った。

日本語には非定形補文は存在せず、定形補文しか存在しないが、DPEとIPEのコード化を異なる補文化辞によって区別する。つまり、'見る'という動詞は、DPE補文をコード化する「の」あるいは「ところ」という補文化辞をとり、'知る'という動詞はIPEをコード化する「こと」あるいは「と」という補文化辞をとる。

以上のようなBolinger(1974)と堀江(2002)、堀江・プラシャント(2009)で見たように、「Percept(知覚)」対「Concept(概念)」といった意味的対立は、補文の選択現象を分析するに当たって、重要な概念であることを確認した。このような意味的対立は、本稿で規定する「知覚表明」対「知識表明」というエヴィデンシャルティ的な意味的対立と相通じるところもあると考えられる。ただし、Bolinger(1974)などが規定している「Percept(知覚)」と本稿で規定している「知覚表明」は、ほぼ同じ概念であると見てよいが、Bolinger(1974)などが規定している「Concept(概念)」と本稿で規定している「知識表明」は若干異なっているように思われる。本稿での「知識表明」は「知識として定着させている内容」に限定しているが、Bolinger(1974)などでの「Concept(概念)」は「知識」のみならず信念、立証、判断、理解、仮定、推論なども含めているようである((22)と(24)参照)。

本稿で規定する「知覚表明」対「知識表明」という意味的対立と、「Percept(知覚)」対「Concept(概念)」という意味的対立とは、このように相通じる点もあるが、異なる点もある。本稿では話し手が文の内容を表明する(述べ立てる)という文のレベルに焦点を当てて、それと関わる日韓両言語の文末形式を対照分析することにする。

1.4.2. 「意味論」的意味と「語用論」的意味の区別

本稿では、日韓両言語の文末形式の対応関係を理解するためには「意味論」的意味と「語用論」的意味、つまり言語形式(発話)自体が有する言語的意味の問題と言語形式(発話)の具体的な使用における解釈の問題を区別する必要があるということを提案する。

言語形式(発話)の意味にレベルの異なるものがあるということは、Grice(1975、1989)以来多くの研究者によって指摘されてきた。例えば、Grice(1975、1989)によれば、言語形式(発話)の意味には「言われていることwhat is said」と「含意されていることwhat is implicated」とがあり、前者が「意味論」的意味であり、後者が「語用論」的意味であるとしている。以下で、日本語の例を用いて次のように説明している加藤(2004)を挙げ、その概要を簡単に確認する。

(28)「一緒にコーヒーを飲みませんか?」と言われたら、相手が自分に対してコーヒーを一緒に飲むように誘っていると考えるでしょう。しかし、これは否定疑問文という疑問文の一種であって、言語形式に直接「勧誘・勧奨・提案」を意味する要素は含まれていません。文字どおりには「飲まない」かを尋ねているだけです。ところが、慣用的に「…しませんか」という形式は、相手に肯定の返答を期待して「…するでしょ」「…しましょうよ」と誘うときに使います。字面の意味だけからは勧誘の意味が見えないのに、発話として実際に使われると勧誘していると確実にわかるのは、否定疑問の形式が「勧誘」や「提案」という機能と慣習的に直結しているからでしょう。(加藤2004:8)」

このような否定疑問の形式において、その形式自体が有する「疑問」の意味は「意味論」的意味であり、その形式の具体的な使用における「勧誘」の意味は「語用論」的意味である。このような「否定疑問文」による「勧誘」の意味は、Grice(1975、1989)では、「含意されていること」のうち、言語形式の習慣的意味によって決定される「言語規範による含意conventioanl implicature」にあたると言えるであろう。もう１つの例を見てみよう。

(29)「コーヒーでも飲みに行かない?」と友人に言ったら、「これから授業があるんだ」と言われたとしましょう。「これから授業があるんだ」は平叙文で、確定的な未来のことがらを述べていますが、「コーヒーを飲みに行かない?」という勧誘の疑問文に対する答え(イエスかノーかで答えるもの)になっていません。でもこれがノーと答えるのに等しいことは容易に理解できます。拒絶する場合に、理由を提示することをもって回答に代えるということは、言語を問わず広く見られる現象です。(加藤2004:9)」

このような「これから授業がある」という言語形式(発話)において、その言語形式自体が有する、確定的な未来の事柄を述べ立てるという意味は「意味論」的意味であり、その言語形式(発話)が友人の勧誘の答えとして用いられるという文脈、つまり具体的な使用において、「拒絶」として解釈される意味は「語用論」的意味である。このような理由を提示することによって「拒絶」を表すという意味は、Grice(1975、1989)では、「含意されていること」のうち、発話の特定の文脈の中だけで生じる「会話による含意 conventional implicature」にあたると言えるであろう。

以上、例を挙げつつ、言語形式の分析において「意味論」的意味と「語用論」的意味の区別が有用であることを確認した[18]。本稿では、このような Grice(1975、1989)などによる一連の語用論の立場に従って、日韓の文末形式の対応関係を分析するに当たって、「意味論」的意味と「語用論」的意味[19]を区別するという考え方を提案する。

---

18) 言語形式の意味機能の分析において、実際「意味論」と「語用論」を区別して分析する立場をとる研究は数多く見られる。例えば、最近の日本語の研究では、西山(2003)(名詞句の意味解釈の問題)と内田(2009)(質問に対する返答の問題)、許(2010)などが挙げられる。

19) 「語用論」的な意味機能といっても、その内実は単純ではない。例えば、本文でも少々触れたように、Grice(1975、1989)では「意味論」的な意味機能を「言われていることwhat is said」とし、「語用論」的な意味機能を「含意されていることwhat is implicated」として、さらに後者を慣習的(conventionally)であるかどうか、会話的(conversationally)であるかどうか、一般化された(generallized)か特殊化された(particulized)かによって分けている。そして、Sperber and Wilson(1995)、Carston(2002)では、Grice(1975、1989)のように「意味論」的な意味機能と「語用論」的な意味機能を明確に分けることはできないとし、言語的意味の解読において既に様々な語用論的プロセス(一義化 disambiguation、飽和saturation、自由拡充free enrichment、アドホック概念形成ad hoc concept construction)が関与し形成される、明示的な意味の「表意」または「高次表意」と純粋に文脈に基づく、非明示的な意味の「推意」に分類している(東森・吉村2003、西山2004も参照)。言語形式の分析において「意味論」的な意味機能と「語用論」的な意味機能を区別するとしても、その「語用論」的な意味機能がどのような段階のものであるかを分析するのも重要であろう。しかし、本稿では、「語用論」を中心とする分析ではないので、その意味機能の分析において「意味論」と「語用論」の区別にとどめておくことにする。

1.5. 本稿の構成

本稿は、本章と次のような七つの章を合わせて、全部8章で構成されている。

第2章「日本語と韓国語の「確言形」に関する対照研究 −「知覚表明」と「知識表明」の概念を中心に−」では、(21)①で述べた、韓国語のhay(yo)体の<平叙文>の終結語尾に対応するものとして、日本語の終助詞ではなく、「確言形」に焦点を当てて分析できるか、という問題を検討する。その対応関係を「知覚表明」と「知識表明」というエヴィデンシャルティ的な意味的対立の観点から分析を行う。

第3章「現代韓国語の終結語尾ciの多義性」では、(21)③で述べた、韓国語の終結語尾ciの多義性について検討する。具体的には韓国語の終結語尾ciは様々な意味用法を持っているが、基本的に「知識表明」を表す平叙文のciが、語用論的な要因が加わることによって他の意味用法へ拡張する、そのメカニズムを明らかにする。

第4章「現代韓国語の終結語尾neyとkwun」では、第2章で述べる、韓国語において「知覚表明」を表す文末形式にはneyとkwun二つがあることを踏まえて、このneyとkwunの共通点と相違点について検討する。

第5章「日本語と韓国語の知覚表明文−非ノダ／ノダとney／kwunを中心に−」では、第4章で検討した韓国語における「知覚表明」の形式neyとkwunの分析結果に基づいて、日本語における「知覚表明」を表す非ノダとノダに適用して分析を行う。

第6章「日本語と韓国語の確認要求的表現−ネ／ダロウとney、kwun、ciを中心に−」では、(21)②で述べた、日本語のネ、ダロウと韓国語のhay(yo)体の終結語尾ney、kwun、ciが同様に「確認要求的表現」として用いられる場合、日本語の終助詞と韓国語の終結語尾がどのようなメカニズムで「確認要求的」な機能を果たすかについて検討する。

第7章「日本語と韓国語の「推量形」に関する対照研究」では、第2章での「確言形」に関する分析に基づいて、日本語と韓国語の「概言形」のうち、核心的な形式である「推量形」を中心にその対応関係を検討する。

第8章「結論」では、本稿の考察内容をまとめる。

平叙文の文末形式に関する日韓対照研究

－エヴィデンシャルティと意味論・語用論の観点から－

第2章

日本語と韓国語の「確言形」に関する対照研究

－「知覚表明」と「知識表明」というエヴィデンシャルティ的な概念を中心に－

2.1. はじめに

本章では、日韓両言語の「確言形」の文末形式を取り上げ、その対応関係を明らかにすることを目的とする。特に、第1章で問題点((21)の①)として挙げた、「韓国語のhay(yo)体の終結語尾が担う意味に対応する日本語の文末形式は何であるか」について論じる。

まず、次のような日本語と韓国語における述語の文法カテゴリーに関する分析を見ると、日本語の終助詞群と韓国語のhay(yo)体の終結語尾群(ney、kwun、ci、eなど）は、聞き手めあてのモダリティ(つまり発話・伝達のモダリティ)を表す形式として対応しているように見える。

(1)　彼に見られていなかったでしょうね。

{{{{{{{ 見}　ラレ}　テイ}　ナカッ}　タ}　デショウ}　**ネ**}

{{{{{{{語根}　ヴォイス}　アスペクト}　みとめ方}　テンス}　事態めあてのモダリティ}　**発話・伝達のモダリティ**/丁寧さ}

(2)　{{{{{{{{{{{{{{　잡}　히}　시} 지 않}　게 해}　버리}　고 말} 수 있} 지 않} 으시}　었}　겠}　**지**}　요}?

{{{{{{{{{{{{{語根(ツカマエル)} ヴォイス} 尊敬}　否定} ヴォイス} シテシマ} シテシマ}　可能}　否定}　尊敬}　時制}　非文末ムード(推量)}　**文末ムード**(確認・丁寧・疑問)}

(お捕まえられにならないようにしてしまうことも、おできになったのではありませんでしょうか？)

(野間1997:120をまとめて(一部改変)引用、太字は引用者)

従来の研究でも、日本語の終助詞と韓国語のhay(yo)体の終結語尾を対応させて考えるものが多い[1]。しかし、実際の文を見ると、そうではない例もよく見られる。例えば、次は日本語小説の原本と韓国語の翻訳本の例であるが、日本語では確言形(つまり断定形)で終わり終助詞が承接していないのに対し、韓国語ではhay(yo)体の終結語尾が使われている。日本語の確言形に対して、(3)では韓国語のhay(yo)体の終結語尾neyが対応しており、(4)ではciが対応している。

(3) a.「気分悪そうですね。人がいるのが鬱陶しいという顔をしている」{類}
b. "…略…사람이 있는게 성가시다는 표정이네요." {볼}

(4) a.「私達のお父さんとお母さんは、どんな人達だったの？」
「優しい人達だったよ。…略…私達はみんなで、庭に池のある家に住んでいた。」{哀}
b. "…略…정원에 연못이 있는 집에서 살았지."{슬}

このような例からも分かるように、日韓両言語の文末形式の対応関係を分析するためには、日本語の確言形と韓国語のhay(yo)の体の終結語尾との対応関係も考える必要があるように思われる。

そこで、本章ではまず日本語の確言形とそれに対応する韓国語のhay(yo)の体の終結語尾に焦点を当て、その対応関係について考察したい[2]。

1) 例えば、平(2009)では日本語のネと韓国語のney、また日本語のヨと韓国語のciを対応させて、分析している。金賢善(1994)と野間(1997)なども参照。
2) 以下、特定の言及がない限り、「終結語尾」と述べる際には、hay(yo)体の終結語尾を指す。

2.2. 日本語の終助詞と韓国語の終結語尾の対応関係

本節では、従来の研究でしばしば指摘された、日本語の終助詞と韓国語の終結語尾の対応関係について検討しておきたい。そのために、形態・統語論的な言語現象と日韓翻訳本の対応関係を調べる。

2.2.1. 形態・統語論的な言語現象

それぞれの名称から分からように、形態論上、日本語の終助詞は活用しない付属語として文末に現れる「助詞」であり、韓国語の終結語尾は活用する自立語の終止法(文を言い終えるときに使われる活用形)という語形変化(つまり活用)の一部としての「語尾」である[3]。このような形態論的な相違点と相関して、次のような統語論的な相違点が確認できる。

まず日本語の終助詞は文にとって付加的な要素であるが、韓国語の終結語尾は文成立のための必須要素である。(5)のように、日本語では終助詞がなくても文として成立するが、韓国語では終結語尾がないと文として成立しない。

(5) a. 雨が降っている{ø／よ／ね}。

b. 비가 내리고 있{*ø／어／지／네／군}.

また日本語の終助詞の一部は相互承接可能であるのに対して、韓国語の終結語尾は相互排他的である。例えば、(6)のように「ヨネ」と「ワネ」など、日本語の一部の終助詞においては相互承接ができるが[4]、韓国語の

3) 日本語記述文法研究会(2010)やHan,K.(2006)など参照。
4) 森山(2000)など参照。

終結語尾は「어지(eci)／지네(ciney)」といった相互承接が全くできない。

(6) a. 雨が降っている{よね／わね／わよ／わよね}。

b. 비가 내리 고 있{*어지／*지네／*네군／*지군}.

最後に日本語の終助詞の一部は文中の切れ目に挿入されて用いられる「間投用法」として用いることができるが、韓国語の終結語尾は「間投用法」として用いることができない[5)6)]。例えば、(7)は「間投用法」としても使われている終助詞のネの例であるが、neyのような韓国語の終結語尾は「間投用法」としては使えない。

(7) a. 最近ね、こんな表現がね、はやっているらしいよ。

(益岡・田窪1992:53)

b. 최근에{ø／*네} 이런 표현이{ø／*네} 유행하고 있대.

このように日本語の終助詞と韓国語の終結語尾の間には形態・統語論的な異なりが見られるという点からも、両者を単純に対照することへの疑問が生じる。そこで、次に、実際の言語資料の使用例を通して、両者の対応の状況について確認してみることにする。

5) 益岡・田窪(1992)や日本語記述文法研究会(2003)など参照。

6) 韓国語の終結語尾は「間投用法」として使えないが、hay体をhayoyo体にするために付ける、丁寧さを表す終結助詞yoが(1.2.1参照)、次のように「間投用法」として用いられることがある。

・저는요, 어제요, 학교에 갔는데요, 배가 아파서요, 중간에 도로 집으로 와 버렸어요.(Lee,H.J.・Lee,J.H.2001:725))

2.2.2. 日韓翻訳本における調査

日本語の終助詞と韓国語の終結語尾の対応状況を確認するために、日本語の現代小説8作品とその韓国語による翻訳本[7]を用い、会話文に現れる＜平叙文＞3856例を対象として、対照調査を行った。表2.1は日本語の小説作品の中で使用数の多かったネ、ナ、ヨ、ヨネ、ワという終助詞、また終助詞の付いてない形(以下無終助詞)が、韓国語の翻訳本ではどのようなhay(yo)体の終結語尾(ci、ney、kwun、e)で訳されているかを調べた結果である。

原本 / 翻訳本	ネ	ナ	ヨ	ヨネ	ワ	無終助詞	計
e	89 (28.1)	64 (38.1)	746 (86.7)	17 (27.4)	165 (88.2)	1894 (83.7)	2975
ci	77 (24.3)	38 (22.6)	89 (10.4)	32 (51.6)	15 (8.0)	264 (11.7)	515
ney	65 (20.5)	25 (14.9)	10 (1.2)	6 (9.7)	5 (2.7)	43 (1.9)	154
kwun	86 (27.1)	41 (24.4)	15 (1.7)	7 (11.3)	2 (1.1)	61 (2.7)	212
計(%)	317 (100.0)	168 (100.0)	860 (100.0)	62 (100.0)	187 (100.0)	2262 (100.0)	3856

表2.1. 日本語の終助詞・無終助詞と韓国語の終結語尾の対応

表2.1を見る限り、特定の終助詞と特定の終結語尾が明確に一対一の関係で対応しているというような事実は観察されなかった。例えば、日本語の

7) 本章で対象としている言語資料は、最後の頁参照。用例に出典がないのは作例である。

ネとナは、韓国語のe、ci、ney、kwunにおおよそ同じ割合で訳されているので、日本語のネやナが韓国語の特定の終結語尾に対応しているとは言えないであろう。確かに、日本語のヨ、ヨネ、ワ、無終助詞は、共通してeとciで訳される割合が高いといった傾向は見られる。しかし、このような傾向を見ても、特定の終助詞と特定の終結語尾が対応しているとまでは言いにくい。例としてネの場合をみると、原本での終助詞ネが韓国語の翻訳ではそれぞれ異なる終結語尾e、ci、ney、kwunで訳されていることが分かる。他の終助詞の翻訳例においても同様の状況であった。

(8) {①ネ:e／②ネ:ci／③ネ:ney／④ネ:kwun}

① (写真を見ながら)

a.「写ってないね、お父さん。一枚も」[ブ]

b. "안 찍혔어, 아버지는. 한 장도."[브]

② (話し手は聞き手のお父さんと昔の同僚である)

a.「いい人だったけど、親父も早く死んだね」[輝]

b. "좋은 사람이었지만, 부친도 일찍 돌아가셨죠?" [볼]

③ a.「みんな駅に向かってるね、この流れに乗って一緒に歩こうよ、お祭りみたいで楽しいじゃん。」[蹴]

b. "사람들이 전부 역으로 가고 있네.…略…" [발]

④ a. (相手に色々質問されて)

「おまえって、結構スルドく大人を問いつめるね」[ブ]

b. "너도 참, 예리하게 어른을 추궁하는구나[8]."[브]

---

8) 終結語尾のkwunは、接続する環境によって、異形態が存在する(動詞語幹＋nunkwun、形容詞語幹＋kwun、指定詞語幹＋(lo)kwun、ass(過去)／kess(推量)／te(回想)＋kwun)。そして、本稿では、基本的にkwunaも、kwunの異形態として見なす。ただし、研究者によっては、kwunaが縮約してkwunになったとし、kwunaをkwunと同じhay体として取り上げる場合(Heo,W.2000)もあれば、kwunaはkwunと

以上、日韓翻訳本の調査の結果からも、日本語の終助詞と韓国語の終結語尾の間に一対一の対応関係を求める研究には疑問を感じる。

2.3. 日本語の確言形と韓国語の終結語尾の対応関係

本節では、日本語の確言形と韓国語の終結語尾に焦点を当てその対応関係を検討する。そのために、まず日韓翻訳本の対応関係を調査し、その結果と照らし合わせて韓国語の終結語尾と日本語の確言形に関する分析を確認する。

2.3.1. 日韓翻訳本における調査 I

日本語の無終助詞の確言形[9]と韓国語の終結語尾ney、kwun、ci、eの対応について、どのような特徴があるかを分析するために、日韓翻訳本を調査してみた。

例文を分析した結果、ney、kwunで訳されている場合とciで訳されている場合では意味的に対立していることが分かった。そして、eで訳されている場合においてはney、kwunとciの意味的な対立に対して中立的であることも分かった(以下、このような意味的な対立の有無の観点から意味的な対立をなすney、kwunとciを有標的な形式とし、意味的な対立をなさないe

は違ってhayla体として取り上げる場合もある(Han,K.2006)。しかし、本稿ではkwunaとkwunは意味機能においてほとんど変わらないし、対者敬語法においてもhayla体のものとhay体のものの区別がしにくいため、kwunaをkwunの異形態として見なすことにする。

9) ルとタの対立を基本とする確言形(断定形)を対象とし、準体助詞由来の形式(ノダ、コトダ、ワケダなど)を持つ確言形は対象外とした。

を中立的な形式とする)。

まず日本語の確言形による文がneyとkwunで訳されている場合を見ると、文の内容が話し手が発話時に発話現場で視覚や聴覚などで捉えた内容であるという特徴がある。

(9) ① a. ふと洗濯物の襞をめくってみると、外から、夕陽の黄色い光の筋が部屋に差し込んだ。
「夕暮れが始まってる。分かんなかった……。」[蹴]
b. …略…"해가 지기 시작하네. …略…"[발]
② a. 「気分悪そうですね。人がいるのが鬱陶しいという顔をしている」[類]
b. "…略…사람이 있는게 성가시다는 표정이네요." [불]((3)再掲)
(10) ① a. (相手の身分に関する書類を見ながら) [五]
「国民兵士の 報告によると、突然 出現したということになっている。…略…」
b. "국민 병사의 보고에 의하면 돌연 출현했다고 되어 있군. …略…"[오]
② a. (話し手と聞き手が口げんかしながら)
「そんなこと子供だってしやしないよ。考え過ぎるな」
「考え過ぎてなんかいないわ。そっちこそ向きになってる」[類]
b. " …略…당신이야말로 정색하고 있군. "[불]

(9)と(10)は、日本語の確言形にneyとkwunが対応している例であるが、発話時に発話現場で話し手が視覚で捉えた眼前の事態(夕暮れ(9①)、相手の表情(9②)、見ている書類の内容(10①)、相手の様子(10②))をそのまま表している文である。このように文の対象的な内容が知覚したものである場合は、韓国語の訳をciにすると不自然となる。

次に日本語の確言形がciで訳されている場合を見ると、文の対象的な内容が話し手が発話時以前から既に知っていた内容であるという特徴がある。

(11) ① a.「二十歳のころ、なにしてた？」…略…
「本ばかり<u>読んでた</u>。」[東]
b. “책만 읽었<u>지</u>.”[동]
② a.「私達のお父さんとお母さんは、どんな人達だったの？」
「優しい人達だったよ。…略…私達はみんなで、庭に池のある家に<u>住んでいた</u>。」((4)再掲)
b. “…略…정원에 연못이 있는 집에서 살았<u>지</u>.”

(11)は、日本語の確言形にciが対応している例であるが、話し手の過去の経験(11①)や過去の記憶(11②)であって話し手にとって既に知っていた内容を表している文である。このように文の対象的な内容が知識として定着しているものである場合は、韓国語の訳をneyやkwunにすると不自然となる。

最後に、日本語の確言形による文がeで訳されている場合を上のney、kwunとciの場合と比べると、eで訳されている場合は、文の対象的な内容が発話時に発話現場で知覚で捉えた内容であることも、そして発話時以前から知っていた内容であることもある。

(12) ① a. 枕の傍らに置いてあるお茶の入ったグラスに妙な物を発見した。
「氷の中にアオムシ<u>入ってる</u>。」[蹴]
b. …略…“얼음 속에 애벌레가 들어 있<u>어</u>!”[발]
② a.「あ，そうだ」カスミは、バッグから封筒を出した。

「大塚さんにこれを戴きました」{類}

b. …略…"오츠카 씨에게서 받았어요."{봄}

(12)は日本語の確言形にeが対応している例であるが、発話時に視覚で捉えた内容を表すこともでき(目の前のグラスの様子(12①))、過去の経験を表すこともできる(12②)。

以上のように、日本語の確言形と韓国語の終結語尾の対応を見ると、eを除く3つの形式は文の対象的な内容が「発話時に発話現場で知覚で捉えた内容」であるか、それとも「既に知っていた内容」であるかという区別が重要であるように考えられる。実際に、韓国語の終結語尾と日本語の確言形に関する先行研究でも、相通ずるような分析があった。その分析内容を簡単に確認することにする。

2.3.2. 韓国語の終結語尾に関する分析

まず、韓国語の終結語尾の各形式に対する見解はさまざまであるが[10]、Jang,K.H.(1985)、Park,J.Y.(2006)は、ciは既に知っていることを述べるのに対して、neyとkwunは知覚で捉えた内容を述べるとしている[11][12]。

10) ciは「確認」を表し、neyとkwunは「感嘆」を表すという分析(Seo,J.S.(1996)、Noh,D.K.(1997)参照)もある。しかし、「確認」や「感嘆」という分析からは、(15)や(16)のような現象、そして2.3.5で取り上げるような感動詞や叙法副詞との共起関係は説明できないであろう。そこで、本稿ではJang,K.H.(1985)とPark,J.Y.(2006)の分析に従うことにする。

11) neyとkwunは基本的に置き換えが可能な類義関係にあり、両者の間には共通点が多い。しかし、全ての場合において、置き換えができるわけではなく、両者の間には相違点もある(第4章で詳細に述べる。Jang,K.H.1985、Park,J.Y.2006も参照)。本章では、neyとkwunが「話し手が発話時に発話現場で知覚した内容を表す」という共通点を重視して、両者を同じ系列として見なすことにする。

12) Jang,K.H.(1985)とPark,J.Y.(2006)の他にも、似通っている分析を行っている研究が

(13) 내가 어젠 아파서 병원에 갔지. (Park,J.Y.2006:202)

(14) 옷에 냄새가 많이 나{는구나 ／네}. (Jang,K.H.2006:230)

以上のようなney、kwun、ci(eを加えて)の意味的な関係は次のようなミニマルペアによっても確認できる。

ある、例えば、ニュアンスの指摘にとどまってはいるが、Sohn,H.M.(1999:272)ではney、kwunはapperceptiveを表し、ciはsuppositiveを表すとしている。そして、Lee,H.S.(1991、1993、1999)でも同じような分析が見られる。Lee,H.S.(1991)ではney、kwun、ci、eなどを対象とし、次のように文の内容が話し手にとって"assimilated inforamtion"であるか"unassimilated inforamtion"であるかといった意味的な対立に基づいて分析している。

The distinction between assimilated information and unassimilated information refers to different modes of knowledge on the part of the speaker. That is, information which has been previously perceived or experienced has already been integra-ted into the speakers's knowledge system. The kind of information is said to be "assimilated" information, or be in the 'state of knowledge'(Akatsuka1985), or part of the 'old knowledge(DeLancey1986). There is a kind of information, on the other hand, that the speaker is conscious of, but that cannot be claimed as factual knowledge. That is, the information h-as just been perceived, and thus is yet to be integrated into the speaker's knowledge system. This kind of information is called "unassimilated" information(cf. 'newly obtained knowledge' in Akatsuka(1985) or 'new knowledge' in DeLancey(1986)). (Lee, H.S.1991:377-378)

このようなLee,H.S.(1991)の内容と本稿の内容を比べると、"assimilated inforamtion"は「知識表明」に当たり、"unassi-milated inforamtion"は「知覚表明」に当たると考えられる(本稿では「知識表明」と「知覚表明」の概念を本文の(21)で改めて規定する)。しかし、このような意味的な対立を想定するという点においては本稿の立場と同じであっても、実際の分析結果においては少々異なるところもある。本稿ではneyとkwunは「知覚表明」を表し、ciは「知識表明」を表す有標的な形式とするのに対してeは「知覚表明」と「知識表明」双方とも表しうる中立的な形式とする。一方、Lee,H.S.(1991)ではn-eyとkwunは"unassimilated information"を表し、eは"unassimilated inforamtion"を表すことができず"assimilated inforamti-on"のみを表し、ciは"assimilated inforamtion"とも違う"commitment"を表すとする(「Unlike the Informal Ending -ô(本稿でのe:引用者注), which is used in simply informing the addressee of what the speaker knows, the suffix -ci specifically e-mphasizes the speakers's certainty about or commitment to the truth of the information conveyed.(Lee,H.S.1991:444)」。つまり、neyとkwunについては同じ分析内容であるが、eとciについては本稿の分析内容と少々異なる。このような分析結果における、Lee,H.S.(1991)と本稿の相違点については、eは本小節の後半(注13)で述べ、ciは第3章で述べることにする。

(15) 이제 보니까 재가 여기 와 있{구나／네／어／??지}.

(Jang,K.H.1985，Park,J.Y.2006 一部改変)

(16) 나는 순이가 무엇을 하는지 오래 전부터 알고 있어.

개는 공장에를 다니고 있{??구나／??네／어／지}.

(Jang,K.H.1985，Park,J.Y.2006一部改変)

(15)の文は「今見てみたら」から分かるように、発話時に発話現場で視覚によって捉えたことを表す内容であり、このような文ではneyとkwunは自然で、ciは不自然である。それに対して、(16)の文は「昔から知っている」という部分から分かるように既に知っていることを表す内容であり、このような文ではciは自然でneyとkwunは不自然である。そして、発話時に知覚で捉えたことを表す内容であれ、既に知っていることを表す内容であれ、eは自然である[13)]。

---

13) このように本稿では韓国語の終結語尾eを「知識表明」と「知覚表明」双方とも表すことができる中立的な形式として分析するが、本稿とは違う分析もある。例えば、Lee,H.S.(1991)では次のようにeの「情報伝達的な機能(informativie funcition/communicative function)」を重視し"unassimilated information(本稿での「知覚表明」)"を表すことができず"assimilated inf-ormation(本稿での「知識表明」)"のみを表すとしている。

In sum, the Informal Ending -ô(本稿でのe:引用者注) is the unmarked and representative sentence-terminal suffix in inf-ormal discourse in terms of frequency as well as discourse-pragmatic functions. It conveys information that is integrated pa-rt of the speaker's existing body of know-edge, i.e.assimilated information. It is typically used on exchanging information among communicators. (Lee, H.S.(1991:380)

確かに、eが「情報伝達的な機能」を持っているのはその通りであると考えられる(このことは、本小節の後半において述べる点、すなわち中立的なeを月いることによって当該命題に対する真偽に重点が置かれるという点と関連があると考えられる)。しかし、eが「知覚表明」を表すことはできないという点に対しては同意しがたい。Lee,H.S.(1991)でも次のようなeの例を挙げながら、瞬間的な知覚(instant sensation)の場合にもeを用いることができるとしている。そして、そのような場合のeは一種の「瞬間的な同化・知識化(instant assimilation)」を表すという可能性を提案している。

・(Just having felt shivering cold)

ôw chuw-ô

2.3.3. 日本語の確言形に関する分析

一方、日本語の確言形の意味分類にもいくつかの方法がある。代表的なものとして＜平叙文＞の述べ方による分類がある。例えば「判断文」「現象文」といった区別[14]が一般的なものであるが、このうち、いわゆる「現象文」と言われる文は、発話時に認識した眼前の事態をそのまま表現する「眼前描写文」と、話者が既に知識として定着させている事柄を述べる「知識表明文」とに区別できるという指摘がある[15](丹羽1988、田野村1990a参照)。

(17) おや、花が咲いている。　　　【眼前描写文】(丹羽1988:47)

(18) おい、きのう太郎が来たぞ。　【知識表明文】(丹羽1988:48)

---

oh cold-IE

'Wow, {it`s} cold!' Lee, H.S.(1991:379(5.20)) ((5.19)と(5.21)の例も挙げられていたが省略する)

Presently, I do not have an immediate account for how the instant reactions given in (5.19) through (5.20) can be expressed with the Informal Endign - ô, which I propose to be characterized as conveying assimilated information. One highly speculative explation I can offer now, though, is that the urgent of the situations given in (5.19), (5.20), and (5.21) may make possible an instant assimilation of some sort. (Lee, H.S.1991:380)

しかし、このような提案に対して、Lee,H.S.(1991)では具体的な論証を行っておらず、同意しがたい。そこで、本稿では(15)と(16)で確認したようにeは「知識表明」と「知覚表明」双方を表すことができる、中立的な形式とする。

14) 代表的な例として、佐久間(1941)は「品定め文」と「物語文」に分類し、この分類は述語の品詞性に対応するとした(前者は名詞文・形容詞文、後者は動詞文)。そして、三尾(1948)は場との関連において(いわゆる一語文や省略文にあたる「未展開文」や「分節文」を除くと)「判断文」と「現象文」に分類し、課題(主題)の有無に対応するとした(前者は有題、後者は無題)。その後、以上のような分類が必ずしも品詞性や主題の有無と対応しないことが指摘された(丹羽1988、田野村1990a参照)。本稿では、丹羽(1988)と田野村(1990a)に従い、概言の形式(ヨウダ、ラシイ、カモシレナイなど)が付くものとタブン、キットなどの確信度副詞を取りうる確言形を「判断文」とし、タブン、キットなどの確信度副詞を取りえない確言形を「現象文」とする。

15) 用語の違いはあっても、認識のモダリティの観点からも似ている分析があり、「眼前描写文」と「知識表明文」という区別を「感覚器官による直接的な捕捉」と「既得情報」という区別で説明している(仁田2000、宮崎2002参照)。

本稿でも、＜平叙文＞の確言形におけるこれら二つの意味に対して基本的に同じ立場である。ただし、その用語法において「眼前描写」というと視覚的に捉えるという意味に限定されやすいので、全ての感覚を含むという意味から「知覚表明」と改める。本稿では、このような点を考慮し、文の内容(つまり命題)に対する話し手の一種の判断、つまり「命題めあて性」を前提として「知覚表明」と「知識表明」を次のように規定する。

(19) 「知覚表明」とは、"話し手が発話時に発話現場で感覚器官によって知覚した内容の表明"であり、「知識表明」とは、"話し手が既に知識として定着させている内容の表明"である。

2.3.4. 日韓翻訳本における調査 II

以上のような分析を見ると、日本語の＜平叙文＞の確言形の意味分類と韓国語の終結語尾が担う意味の間には、何らかの関連性があると考えられる。

そこで、「知覚表明」であるか「知識表明」であるかという区別を重視し、終助詞の有無と関係なく「知覚表明」か「知識表明」かが明確に区別できる1441例を対象として[16]、それらが韓国語の翻訳本ではどのような終結語尾(ney、kwun、ci、e)によって訳されているかを調べた。その結果は以下

16) 用例の「知覚表明」あるいは「知識表明」という判断は、筆者の直観で行った(用例の判断に関する信頼性をあげるためには、筆者以外の検討(second judgment)も必要であったが、本稿ではできなかった。これは今後補いたいと思う)。丹羽(1988)と田野村(1990a)でも指摘しているように、日本語において「知覚表明」と「知識表明」の区別は明確な形態及び構文による区別ではなく意味的な(あるいは語用的な)区別であるので、述語の種類や文脈などによって「知覚表明」と「知識表明」との区別が曖昧な場合も多くあった。本稿では非過去の感情表現、可能表現、希望表現、評価表現、思考動詞などその区別が困難な場合は対象外とした。

のようである(用例は(9)～(12))。

翻訳本＼原本	知覚表明文	知識表明文
ney	96(24.1)	0(0.0)
kwun	51(12.8)	0(0.0)
ci	0(0.0)	187(17.9)
e	251(63.1)	856(82.1)
計(%)	398(100.0)	1043(100.0)

表2.2. 日本語の確言形の知覚表明文･知識表明文と韓国語の終結語尾の対応

結果をみると、neyとkwunには「知覚表明文」のみが、ciには「知識表明文」のみが対応しているのに対して、eは「知覚表明文」と「知識表明文」の双方に対応していることが分かる。

このような、韓国語における「知覚表明」のney、kwunと「知識表明」のciによる有標的な区別と日本語の確言形の対応関係は、次の2.3.5で述べる感動詞や叙法副詞との共起関係によっても支持される。

2.3.5. 感動詞と叙法副詞との共起関係

2.3.1～2.3.4では日韓翻訳本の調査を通して日本語の確言形の意味分類と韓国語の終結語尾の間における対応関係を確認したが、本節では日本語の確言形の意味分類と韓国語の終結語尾の間に共通している言語現象を確認し、両者の対応関係を検証する。

感動詞と叙法副詞[17]の共起関係において、日本語の確言形の「知覚表明文」と「知識表明文」という意味分類は、韓国語の終結語尾(ney、kwun

17) 「叙法副詞」の定義は工藤(2000)に従う。

とci)と並行的である。

まず、文末形式の区別のない日本語の確言形の場合を確認する。(20)は雨が降っているという、視覚で捉えられた発話時の眼前の事態を表す「知覚表明」の文であり、(21)は雨が降ったという、話し手が直接体験したことが知識として定着されている内容を表す「知識表明」の文であるが、次のような感動詞と叙法副詞との共起関係においては、対立的な現象が見られる。

(20) (ドアを開けたら、雨が降っているのを見て)

{オット、アッ／??モチロン、??タシカ}雨が降っている。

(21) (昨日雨が降ったのを記憶していて)

{??オット、??アッ／モチロン、タシカ}昨日雨が降ったよ。

「オット、アッ」は周囲の状況の変化や新しい情報などに遭遇した際に、驚き、あるいは戸惑いを表す感動詞である(森山1996、日本語記述文法研究会2009参照)。このような驚き・戸惑いの感動詞は「知覚表明」の文とは共起が自然であるが(用例(20))、「知識表明」の文とは共起が不自然である(用例(21))。

そして、「モチロン」は話し手にすでに確認された事態(の報告)について断定(確認)を表す副詞であり(工藤2000参照)、「タシカ」は当該の事態の成立を話し手の記憶によって確認することを表す副詞である(杉村2009、森本1994、安達1999参照)。このような 断定や不確かな記憶の想起を表す叙法副詞は「知識表明」の文とは共起が自然であるが(用例(21))「知覚表明」の文とは共起が不自然である(用例(20))。

次は、文末形式の区別のある韓国語の終結語尾の場合を確認する。(22)は日本語の(20)と同じ文脈で同じ内容を表す「知覚表明」の文であり、終結語尾はneyである。(23)は日本語の(21)と同じ文脈で同じ内容を表す「知識表明」の文であり、終結語尾はciである。このように「知覚表明」を表すneyと「知識表明」を表すciは、日本語と同様に、驚き・戸惑いを表す感動詞と断定や不確かな記憶の想起を表す叙法副詞との共起関係において、対立的な現象が見られる。

(22) (ドアを開けたら、雨が降っているのを見て)

{어어, 어머 ／??물론, ??아마도} 비가 오네.

(23) (昨日雨が降ったのを記憶していて)

{??어어, ??어머／물론, 아마도} 어제 비가 왔지.

「어어(ee)、어머(eme)」は日本語の「オット」や「アレッ」に当る、驚き、あるいは戸惑いを表す感動詞である(Choi,H.C.2003参照)。このような驚き・戸惑いの感動詞は「知覚表明」を表すneyとは共起が自然であるが(用例(22))、「知識表明」を表すciとは共起が不自然である(用例(23))。

そして、「물론(mwullon)」は日本語の「モチロン」に当たる断定(確認)を表す副詞であり(Seo,J.S.2005参照)、「아마도(amato)」は日本語の「タシカ」に当たる不確かな記憶の想起を表す副詞である(「아마도(amato)」は日本語の「タブン」に当たる未知の推測を表すこともでき、日韓の不確かさを表す副詞において少しずれがある。詳細は次節で述べる。)。このような断定や不確かな記憶の想起を表す叙法副詞は「知識表明」を表すciとは共起が自然であるが(用例(23))「知覚表明」を表すneyとは共起が不自然である(用例(22))。ここまでの内容をまとめると、次のようである。

	文末形式		共起の可否	
	日本語	韓国語	驚き・戸惑いの感動詞	断定・不確かな記憶の想起の叙法副詞
知覚表明	確言形	ney /kwun	○	×
知識表明	確言形	ci	×	○

表2.3. 日韓両言語における、文末形式と感動詞と叙法副詞の共起関係

では、このような言語現象はなぜ起こるのかについて考えてみる。まず「知覚表明」の文は、話し手が発話時に新しい事態や情報に接して、その未知の事態や情報を知覚で捉えた内容を表明する文である。話し手は発話時に初めて接した未知の事態や情報をどのように理解して良いか分からず、驚いたり、戸惑ったりするのが普通であって、確かか、不確かかのように確信度で位置づけることがまだできない状態であろう。そこで「知覚表明」の文は、驚き・戸惑いの感動詞とは馴染んで、断定・不確かな記憶の想起の叙法副詞とは馴染まないわけである。

一方、「知識表明」の文は、話し手にとって既に知識として定着している内容を表明する文である。話し手は、既に知識として定着している内容に対して、いまさら驚いたり、戸惑ったりする必要がなく、記憶が鮮明な場合は確かな情報として、また記憶が不確実な場合は不確かな情報として位置づけることができるであろう。そこで「知識表明」の文は、断定・不確かな記憶の想起の叙法副詞とは馴染んで、驚き・戸惑いの感動詞とは馴染まないわけである。

このような感動詞や叙法副詞との共起現象から、「知覚表明」と「知識表明」という区別は、その区別を表すための文末形式の区別を持っている韓国語のみならず、文末形式の区別を持たない日本語においても、有意義

なことであることが分かる。こうして、基本的に日本語の確言形の意味分類と韓国語の終結語尾の形式の分化のし方が対応していることが検証できたと考えられる[18)]。

2.3.6. 不確かさを表す副詞

前の2.3.5で、不確かさを表す副詞において、日本語と韓国語の間に少しずれがあることを述べた((22)と(23)の説明部分)。本節では、その点について簡単に補足する。

まず、不確かさには二種類があることを確認しておく。森山(1995b)で、「不確かさ」には直接経験をしていても忘却したための不確かさ(以下「不確かな記憶(知識)」とする)と間接的な情報内容、つまり未知のものを推測するという不確かさ(以下「未知の推測」とする)があると指摘している。

日本語ではこのような二種類の不確かさを表すために次のように異なる副詞を用いる。

(24) 昨日は{タシカ／??タブン}日曜日だったね。

(杉村2009:173(17)と(18)を一部改変)

---

18) このような「知覚表明」と「知識表明」という区別は「情報の出所(the source of information)」を表すevidentialityという文法カテゴリーと関係があると考えられる(その中でも特に直接証拠(direct evidence)と)。「知覚表明」は文の情報の出所が話し手の知覚内容であることを表しており、「知識表明」は文の情報の出所が話し手の知識内容であることを表していると言えるであろう。実際、Lee,H.S.(1991、1993、1999)のように韓国語の文末形式をevidentialityの形式として見なし、分析を行っている場合もある。そして、このようなevidentialityに関する通言語学的な分析を見ると、"Every language has some way of referring to the source of information, but not every language has grammatical evidentiality. (Aikhenvald2004:10)"としている(Willet1988:66も参照)。このような観点からすると、「知覚表明」と「知識表明」を表すために、韓国語は文末形式の区別を持つ言語であるのに対して、日本語は文末形式の区別を持たない言語であると言えるであろう。

(25) 明日は{??タシカ／タブン}学校に行くだろう。

(杉村2009:169(1)を一部改変)

(24)のように文の内容が話し手の記憶にありながら、不確かになった「不確かな記憶(知識)」を表す場合は、タシカは自然で、タブン(あるいはオソラク)は不自然である[19]。しかし、(25)のように文の内容が話し手にとって未知のことであり、それを推測しているという「未知の推測」を表す場合は、タブン(あるいはオソラク)は自然で、タシカは不自然である。

しかし、韓国語では前の2.3.5で少し触れたように、このような二種類の不確かさを「아마도(amato)」という一つの副詞で表している。

(26) 어제는 아마도 일요일이었지.

(27) 내일은 아마도 학교에 갈거야.

(26)の「不確かな記憶(知識)」の場合であれ、(27)の「未知の推測」の場合であれ、「아마도(amato)」という一つの副詞で表している。ここまでの内容をまとめると、次のようである。

	不確かな記憶(知識)	未知の推測
日本語	タシカ	タブン・オソラク
韓国語	아마도(amato)	아마도(amato)

表2.4. 日韓両言語における二種類の不確かさと副詞

19) タブンを用いて、「不確かな記憶(知識)」を表すことがまったく不可能であるわけではなく、次のように文末に「ト思ウ」という思考動詞をつけるとできるという指摘がある。
(ｉ)「図書館の休館日はいつですか?」「たぶん、月曜日だったと思います。」(宮崎1992(69))
しかし、このように文末に「ト思ウ」という思考動詞をつけても不自然であるという指摘もある(杉村2009:172)。

このような結果から、二種類の不確かさを表すために、日本語ではそれぞれの副詞が分化しているが、韓国語では分化せず一つで表していることが分かる。

日本語と韓国語において、このように不確かさを表す副詞においてずれているということと、前節で述べた、「知識表明」と「知覚表明」を表す文末形式の区別の有無を照らし合わせると次のようなことが言える。日本語では「知識(記憶)表明」を表す文末の形式を有さないので、それを表すための専用の副詞を設けて補っているが、韓国語では「知識(記憶)表明」を表す文末の形式を有するので、それを表すための専用の副詞を設ける必要がなかったと考えられる。

2.3.7. 韓国語の終結語尾eについて

残った問題として、中立的なeについて少し説明を加えておく[20)]。2.3.1と2.3.2で、eは意味的に中立であると述べた。しかし、eはciあるいはneyとkwunに置き換えができない場合もある。例えば、eとciの場合において、次のように当該情報が「既に知っている内容」であっても、置き換えが不自然な場合がある(#は当該の文脈では使用が不自然であることを表す)。

(28) A1:어제 오전에 집에 있었어?
B1:응, 집에 있었지.
A2:집에 전화했는데 안 받던데.
B2:아니야. 집에 있었{<u>어</u>／#<u>지</u>}.

(28)の文の内容は、話し手(B2)の「昨日家にいた」という過去の経験で

20) ciについては第3章で、そしてneyとkwunについては第4章で詳しく論じる。

あっても、eをciに置き換えると不自然である。そして、eとneyの場合において、次のように当該情報が「話し手が発話時で知覚した内容」であっても、置き換えが不自然な場合がある。

(29) (部長(A)が出張先から会社にいる部下(B)に電話して)

A1:내 책상 위 메모장에 철수 씨 전화 번호 적어놓았는데 좀 가르쳐 줄 수 있을까?

B1:네, 잠깐만요.(部長のデスクに行きメモ帳を見ながら)부장님 메모장에 철수 씨 전화 번호는 없는데요.

A2:무슨 소리야? 내가 어제 메모장에 틀림없이 적어 놓았는데.

B2:(もう一度、メモ帳を見ながら)

아니에요. 영희 씨 전화 번호는 있는데 철수 씨 전화 번호는 없{어/#네·#군}요.

(29)B2の文の内容は、「(メモ帳に)ヨンヒさんの電話番号はあるが、チョルスさんの電話番号はない」という話し手が発話現場で視覚で捉えた内容であるが、eをneyあるいはkwunに置き換えると不自然である。

このような(28)と(29)は、文脈上当該情報に対して話し手と聞き手の間に認識のずれがあるという点で共通している。(28)ではBは「昨日家にいた」と言うが、Aは「家に電話したけど出なかった」ことから「Bが家にいなかった」と考えている。そして、(29)ではBは「メモ帳にヨンヒさんの電話番号がない」と言うが、Aは「昨日メモ帳に間違いなくヨンヒさんの電話番号を書いておいた」ことから、「メモ帳にヨンヒさんの電話番号がある」と考えている。このように(28)と(29)では、当該情報に対して話し手と聞き手の間に認識のずれが見られる。談話上、このように当該情報に対して話し手と聞き手の間で認識がずれている場合は有標的なciあるいはney、kwunよりは中立的なeのほうが自然である。

このような言語現象は次のように説明できると考えられる。普通、当該情報に対して話し手と聞き手の間に認識のずれがある場合、話し手は当該情報を再考(再確認)する必要が生じるであろう。つまり、聞き手と認識のずれを調整するためには(当該情報の真偽を再確認するためには)、当該情報に対して知識あるいは知覚という点よりは真偽の方に重点を置くのが通常であると思われる。そこで、このような文脈では、有標的なciあるいはney、kwunを用いることによって知識か知覚かを強調するよりは、むしろ中立的なeを用いる(知識か知覚かを強調しない)ことによって自然に当該情報の真偽の伝達に重点が置かれるようになったと考えられる。このように中立的なeの選択には談話･語用論的な要因が働いていると思われる[21)]。このような現象からすると、中立的なeと有標的なci、ney、kwunが置き換え可能な場合であっても、中立的なeが選択される場合は、話し手は当該情報に対する、知識あるいは知覚の表明よりは真偽の表明に重点を置いて発話しているとも言えるであろう。

---

21) 中立的なeの選択において、このような「話し手と聞き手の間における認識のずれ」という要因以外にもほかの談話･語用論的な要因も十分ありうると考えられる。例えば、ポライトネス的な観点からは次のような場合も想定できる。ciとeの選択において、話し手の知っている内容を聞き手が知らない場合には話し手の知識を有標的に表すと相手に自分の知識を押し付けるようなニュアンスを帯びかねないため、中立的な形式を用いて、知識の押し付けにならないように(つまり丁寧に)言おうとする場合もあるであろう。そして、ney、kwunとeの選択において、聞き手はすでに知っている内容に対して話し手が発話時に初めて知覚する場合には話し手の知覚を有標的に表すと相手との知識の差をあらわにしかねないため、中立的な形式を用いそのような知識の差を隠そうとする場合もあるであろう。このような中立的なeの選択におけるさまざまな談話･語用論的な要因についてはさらなる分析が必要であると考えられる。このような問題は今後の課題としたい。

2.4. 日韓の<平叙文>の文末形式の対応関係
－「意味論」と「語用論」の区別の観点から－

本章では「韓国語のhay(yo)体の終結語尾が担う意味に対応する日本語の文末形式は何であるか」という問題、つまり韓国語のhay(yo)体の終結語尾に対応する日本語の文末形式を分析するにあたって、日本語の終助詞に焦点を当てるべきか、それとも日本語の確言形(の意味分類)に焦点を当てるべきかという問題を取り上げてきた。

このような問題に対して、2.3で韓国語の終結語尾は基本的に日本語の終助詞ではなく確言形に対応すると述べた。しかし、言語事実としては韓国語の終結語尾が日本語の終助詞に対応しているように見える場合も確かに存在する。このような場合についてはどのように説明すれば良いかという問題が残る。

本稿では、このような問題を理解するためには「意味論」的な意味と「語用論」的な意味、つまり言語形式自体が有する言語的な意味と言語形式の具体的な使用における解釈を区別する必要があることを提案する。

まず、2.3で述べた、韓国語の終結語尾と日本語の確言形の対応関係について簡単に確認する。2.3で「知覚表明」と「知識表明」という「命題めあて性」の意味的な対立に基づいて、韓国語の終結語尾は日本語の確言形(の意味分類)に対応するとした。例えば、(30)は、目の前の相手の表情を捉えたことによる「知覚表明」の文であり、韓国語の終結語尾neyに日本語の確言形が対応している。そして、(31)は、過去の記憶の表明を表す「知識表明」の文であり、韓国語の終結語尾ciに日本語の確言形が対応している。このような対応関係は、韓国語の終結語尾自体が有する意味と日本語の確言形自体が有する意味の間における対応関係、つまり「意味論」的意味同士における、緊密な対応関係であると考えられる。このことは、2.3.5で見たように韓国語の終結語尾と日本語の確言形が感動詞と叙法副詞との共起関係の特徴を共有していることからも支持されるであろう。ただし、以上のような対応関係を日本語の確言形を基準にして理解する場合、一つの日本語の確言形が具体的な使用において、二つのタイプの意味、つまり「知覚表明」であったり「知識表明」であったりするので、日本語の確言形における「知覚表明」あるいは「知識表明」という意味は「語用論」的意味であるとも言えるであろう。このような点から、「知覚表明」あるいは「知識表明」という意味を表すにあたって、韓国語の場合は終結語尾による「意味論」的意味であり、日本語の場合は確言形による「意味・語用論」的意味であるとする。

(30) a. 「気分悪そうですね。人がいるのが鬱陶しいという顔をしている」((3)再掲)

b. "…略…사람이 있는게 성가시다는 표정이네요."

(31) a. 「私達のお父さんとお母さんは、どんな人達だったの？」

「優しい人達だったよ。…略…私達はみんなで、庭に池のある家に住んでいた。」((4)再掲)

b. "…略…정원에 연못이 있는 집에서 살았지."{슬}

次は、韓国語の終結語尾と日本語の終助詞との対応関係について述べる。このような問題を取り上げるにあたって、日本語の終助詞のうち、もっとも頻繁に用いられるネとヨを代表例として考えることにする。ネとヨの意味機能についてはさまざまな見解[22]があるが、一般にネとヨの有する「聞き手

22) 大曾(1986)、蓮沼(1988、1996)、陳(1987)、森山(1989、2000)、神尾(1990、2002)、益岡(1991)、白川(1992)、北野(1993)、井上(1999)、田窪・金水(2000)、野田(2002)、宮崎(2002d、2005)、滝浦(2008)、拙論(2008)などがある。

めあて性」の特徴[23)]を前提として具体的な意味機能を分析している。例えば、日本語記述文法研究会(2003)では「聞き手めあて性」とその具体的な意味機能について次のように指摘している。

(32) a.「「よ」や「ね」は対話的な性質を強くもつものである。このような終助詞は聞き手に対する伝達や確認に関わる機能をもっている。聞き手めあての性質をもっているので、一般的に対話的な終助詞は聞き手の存在する対話で用いられるものであり、独話や心内発話として用いられることはない。」(日本語記述文法研究会2003:239)

b.「「ね」は付加された文が表す内容を、心内で確認しながら、話し手の認識として聞き手に示すという伝達機能を持っている。(以下「確認内容伝達」とする)」(同:256)

c.「「よ」は、その文が表す内容を、聞き手が知っているべき情報として示すという伝達機能を表す。(以下「注意喚起」とする)」(同:242)

このような日本語のネとヨにおける「確認内容伝達」と「注意喚起」という聞き手めあて的な意味機能は、ネやヨという形式自体が有する「意味論」的意味であると言える。このようなネとヨの意味機能と韓国語の終結語尾における「知覚表明」と「知識表明」という意味機能との関連性について考えてみる。次のような日本語原本と韓国語翻訳本の例を見ると、韓国語の終結語尾が日本語の終助詞に対応しているように見える。(33)ではneyにネが、(34)ではneyにヨが、(35)ではciにネが、(36)ではciにヨが対応している。

---

23) 金水・田窪(2000)、井上(1999)などのように、ネとヨの分析において聞き手の存在、つまり「聞き手めあて性」を排除し、認識的な性質を重視して分析している研究もある。しかし、認識面を分析に取り入れて分析するのも重要であろうが、宮崎(2002d、2005)でも指摘しているようにやはり「聞き手めあて性」という点も無視できない特徴であろう。

(33) a.「みんな駅に向かってるね、この流れに乗って一緒に歩こうよ、お祭りみたいで楽しいじゃん。」

b. "사람들이 전부 역으로 가고 있네.…略…" ((8)③再掲)

(34) (コンサート場の前で売られている歌手の関連グッズを見ながら)

a.「だっさいTシャツが4500円で売られてる。」

「ほんとだー，しかもポスター1000円だよ」{蹴}

b. "어, 정말! 게다가 포스터는 1000엔이네"{발}

(35) (話し手は聞き手の父親と昔の同僚である)

a.「いい人だったけど、親父も早く死んだね」((8)②再掲)

b. "좋은 사람이었지만, 부친도 일찍 돌아가셨죠?"

(36) (ハンティングを話題にしている、経験のある人とない人との対話)

a.「面白いですか」

「そら，面白いですよ」{類}

b. "그야, 재미있지요." {볼}

(33)と(34)は、命題めあて的な意味機能においては、話し手が発話時に発話現場で知覚した内容を表す「知覚表明」の文であり(目の前の人ごみの知覚(33)、目の前のポスターの値段の知覚(34))、韓国語ではneyが用いられている。一方、このような(33)と(34)のneyの文が日本語のネ((33))、あるいは日本語のヨ((34))と対応していることから分かるように、これらのneyの文は聞き手めあて的な意味機能からみると、「確認内容伝達」を表す文脈((33))、あるいは「注意喚起」を表す文脈でも用いうる。

(35)と(36)のように、話し手が既に知識として定着している内容を表す「知識表明」の文(過去の経験((35)と(36)))でも同じようなことが言える。(35)と(36)は、命題めあて的な意味機能においては「知識表明」の文であり、韓国語ではciが用いられている。一方、この(35)と(36)のciの文が日本語のネ((35))、あるいは日本語のヨ((36))と対応していることから分かるように、これらのciの文は聞き手めあて的な意味機能からみると、「確認内容伝達」を表す文脈((35))、あるいは「注意喚起」を表す文脈((36))でも用いうる。

これらの例から分かるように、韓国語の終結語尾自体が有する「意味論」的意味、つまり「知覚表明」あるいは「知識表明」という命題めあて的な意味機能が、発話現場で聞き手に対して発話されるという語用論的な文脈では、日本語の終助詞自体が有する「意味論」的意味、つまり「確認内容伝達」あるいは「注意喚起」という聞き手めあて的な意味機能としても使える。このような対応関係は、韓国語の終結語尾における「語用論」的意味と日本語の終助詞の「意味論」的意味の間における、緩い対応関係であると考えられる。このような韓国語の終結語尾と日本語の終助詞の対応関係は、2.2.1で見たように形態・統語論的にも一致する点がなく、感動詞や叙法副詞などの共起関係を共有するような言語現象も見られないという点からも支持されるであろう。以上の内容をまとめると次のようである。

	日本語		韓国語
＜命題めあて的意味機能(「知覚表明」「知識表明」)＞を担う形式	確言形(「意味・語用論」的意味機能)	← 対応 →	終結語尾(「意味論」的意味機能)
＜聞き手めあて的意味機能(「確認内容伝達」「注意喚起」など)＞を担う形式	終助詞(「意味論」的意味機能)	← 対応 →	終結語尾(「語用論」的意味機能)

表2.5. 日韓の＜平叙文＞の文末形式における対応関係

このように韓国語の終結語尾と日本語の終助詞は、文脈によって対応する関係であると述べたが、両者の対応関係においても一定の傾向が見られる。つまり、日韓翻訳本の調査結果をまとめた表2.1を見ると、日本語のネはe(28.1%)、ci(24.3%)、ney(20.5%)、kwun(27.1%)にそれぞれに対応する割合がおおよそ同じであり、日本語のヨは中立的なe(86.7%)と「知識表明」を表すci(10.4%)に対応する割合が高いという傾向が見られる。このような傾向もそれぞれの有する意味機能を考えると自然なこととして理解される。例えば、話し手が聞き手に確認して伝達する内容は、話し手が知識として定着している内容か発話現場で知覚した内容かを問わないので、日本語のネが韓国語のci、ney、kwun、eに同じ割合で対応していると思われる。そして、話し手にとって既知である内容は聞き手にとって未知である場合も往々あり、そのような場合は話し手が自分の知識内容を聞き手が知っているべき情報として示す場合が多いであろう。それに対して、話し手と聞き手が発話現場を共有しているとき、話し手が知覚している内容は聞き手も一緒に知覚する場合が多く、そのような知覚内容を聞き手が知っているはずの情報として示すのは通常不適切であろう。そこで、日本語のヨは「知覚表明」を表すneyやkwunより「知識表明」を表すciのほうにより多く対応すると考えられる。そして、ヨの「注意喚起」という伝達機能は、2.3.7で述べたように「話し手と聞き手の間の認識のずれ」がある際、それを調整するために用いられるという、中立的なe の談話・語用論的な意味機能と馴染んで、両者が対応しやすいのも自然なことであろう。

以上で述べたように、日韓の＜平叙文＞の文末形式の対応関係は、韓国語の終結語尾の「意味論」的意味と日本語の確言形の「意味・語用論」的意味が「知覚表明」と「知識表明」という命題めあて的な意味機能を表すという点において一次的に対応しており、韓国語の終結語尾の「語用論」的意味と日本語の終助詞の「意味論」的意味が「確認内容伝達」や「注意喚起」といった聞き手めあて的な意味機能を表すという点において二次的に対応していると理解される。そこで、日韓の＜平叙文＞の文末形式の対応関係を理解するに当たって、まず一次的なレベルにおける韓国語の終結語尾と日本語の確言形の対応関係に焦点を当てて考え、その後に二次的なレベルにおける韓国語の終結語尾と日本語の終助詞の対応関係を考えるのが望ましいと思われる。

2.5. 終わりに

本章では「韓国語のhay(yo)体の終結語尾が担う意味に対応する日本語の文末形式は何であるか」という問題を取り上げ、次のように指摘した。

(37) 本章のまとめ

① 韓国語の終結語尾と日本語の終助詞は形態・統語的な振る舞いが一致するとは言いがたく、意味的にも両者の間において直接的な一対一の対応関係が見られない。

② 韓国語の終結語尾が担う意味と日本語の確言形の意味分類の間において、「知覚表明」対「知識表明」といった意味的な対立に基づいて、次のような密接した対応関係が見出された。

	日本語	韓国語	
知覚表明	確言形	ney,kwun	e
知識表明	確言形	ci	e

表2.6. 韓国語の終結語尾と日本語の確言形の対応関係

③ ②は、感動詞や叙法副詞との共起関係が日本語の確言形(の意味分類)と韓国語の終結語尾(ney、kwunとci)の間において並行的で

あることからも支持される。

④ ②と③から確認したように、韓国語の終結語尾と日本語の確言形の対応関係は、韓国語の終結語尾の「意味論」的意味と日本語の確言形の「意味・語用論」的意味の間における一次的な対応関係であり、韓国語の終結語尾と日本語の終助詞の対応関係は、韓国語の終結語尾の「語用論」的意味と日本語の終助詞の「意味論」的意味の間における二次的な対応関係であると理解される。

以上で、日韓の＜平叙文＞の文末形式を取り上げ、(37)ような内容を提案した。しかし、このような提案をより明確に立証するためには、まだ解決しなければならない問題が残されている。序論の1.3の「問題のありか」で述べた問題(ciの多義性の問題(序論の(21)③)と確認要求的表現の問題(序論の(21)②)に加えて、次のような問題も検討しなければならないと考えられる。

(38) 本章で述べたように、韓国語は「知覚表明」を表す形式としてneyとkwun二つを有するが、その違いは何か。また、その違いは日本語ではどのように表現できるか。(第4章と第5章で取り上げる)

第3章

現代韓国語の終結語尾ciの多義性

3.1. はじめに

第2章では、日韓の＜平叙文＞に焦点を当てて、その文末形式の対応関係について検討した。しかし、第2章の考察対象である韓国語のhay(yo)体の終結語尾のうち、「知識表明」を表すとしたciは、(1)のように＜平叙文＞のように見えるものもあるが、(2)～(6)のように＜平叙文＞とは呼べないようなものもある。例えば、(2)～(6)のciの文は＜疑問文＞(真偽疑問[yes-no疑問]:(2)、説明疑問[wh疑問]:(3))、＜命令文＞((4))、＜勧誘文＞((5))、＜意志文＞((6))といった伝達的な意味機能を持っているように見える(以下、このようにciにおける「文の類型」的な機能を一種の用法として見なし、＜平叙用法＞、＜疑問用法＞、＜命令用法＞、＜勧誘用法＞、＜意志用法＞とする)。

(1) 그 분이 우리 담임 선생님이시었지. ＜**平叙用法**＞
(Han,K.2004:133)

(2) 너는 순이를 사랑하지? ＜**真偽疑問用法**＞ (Han,K.2004:135)

(3) 그래서 그 날 네가 몇 시에 왔었지? ＜**説明疑問用法**＞
(Jang,K.H.1985:122)

(4) 나 좀 도와 주지. ＜**命令用法**＞ (Han,K.2004:135)

(5) 우리 같이 산에 가지. ＜**勧誘用法**＞ (Han,K.2004:135)

(6) 내가 설명하지. ＜**意志用法**＞ (Han,K.2004:133)

第2章で「韓国語の終結語尾ciは＜平叙用法＞として「知識表明」を表す」と述べたが、上で見たようにciの用法には＜平叙用法＞以外のものもある。このようなciの＜平叙用法＞以外の用法は、どのような特徴を持ち＜平叙用法＞とはどのような関係を持つかについて、つまりciの多義性について説明しなければならないであろう(第1章で本稿の「問題のありか」として挙げた(21)③である)。

従来の研究において、このようなciの多義性を分析するために様々な議論がなされてきたが、まだ十分な解明には至っていないように思われる。そこで、本章では終結語尾ciについて、用法間の関連性など、その多義性を考察していきたい。

3.2. 先行研究と問題のありか

先行研究ではciの多様な意味機能を分析するに当たって、一般に基本義を規定し、その基本義からの拡張関係で多義性を説明している(Jang,K.H.1985、Lee,H.S.1991、Yoon,S.M.2000、Lee,I.S.・Chay,W.2000、

Nam,K.S.2001、Han,K.2004、Lee,I.S.2005、Park,J.Y.2006など参照)。本節では、先行研究のうち、ciの基本義を「親密感」と規定するHan,K.(2004)と、「既に知っている内容を表す」と規定するJang,K.H.(1985)、「文の内容の事実(性)に対する話し手のコミットメントあるいは信念(the speaker's commitment to or belief in the truth of the information conveyed, hence "Commital"(p.438)」と規定するLee,H.S.(1991)を検討する[1]。

まず、Han,K.(2004:131-138)ではciの多様な意味機能には共通して「親密感」が感じられるとしている。確かに、「親密感」を表すciの文も多い。しかし、ciの文には次のように「親密感」が感じられないような例も存在する。

(7) (夫婦喧嘩で)
"그토록 애달픈 상상력은 도대체 어디서 비롯된 거지?"
"물론 당신이<u>죠</u>."[미란]

(8) "한 선생님께서 해설을 써 주셨으면 해서요."… 略…[들깨]
"해설요? 해설은 원래 비평가가 써야 하는데,……모처럼 부탁하신 일이니, 한번 써 보<u>죠</u>."

(7)のciの文は相手の質問に対して返答する＜平叙用法＞であるが、夫婦喧嘩において、本来知っているべきことを知らない相手を非難するニュアンスを帯びる。そして、(8)のciの文は相手のお願いを受け入れる＜意志用

1) その他に、ciの基本義を「推定」と規定したJang,S.J.(1973)、「主観的な想念」と規定したKo,Y.K.(1976)、「提案と判断」と規定した大江(1958)などもあるが、これらの分析に対する問題点などは先行研究で十分指摘されたと考えられるので、本稿では取り上げないことにする(Han,K.2004:131-132、Jang,K.H.1985:108-117、Jeong,Y.N. 2009:214-224参照)。

法＞であるが、高圧的で恩着せがましいニュアンスを帯びる。このようにciの文は文脈や命題内容、イントネーションなどによって、「親密感」という肯定的なニュアンスに留まらず様々なニュアンスが感じられる。このような点からciの基本義を「親密感」で規定するには無理があるように考えられる。

次に、Jnag,K.H.(1985:108-124)ではciは基本的に「既に知っている内容」を表すとしている。しかし、＜疑問用法(真偽疑問と説明疑問)＞のciについては“確認要求”、“再確認”、“思案”といった意味用法の指摘に留まっており、「知識表明」から＜疑問用法＞への拡張関係に関する分析は見られない。そして、＜意志用法＞、＜勧誘用法＞、＜命令用法＞のciについては「知識表明」の“思惟的な、不確かな情報”からの拡張として説明しているが、やはりニュアンスの指摘に留まっており、具体的な分析は行なっていない。

最後に、Lee,H.S.(1991:436-454)ではciの基本的な機能は「情報の事実(性)に対する話し手のコミットメントあるいは信念(the speaker's commitment to or belief in the truth of the information conveyed, hence “Commital”(p.438)」であるとしている。しかし、「情報の事実(性)に対する話し手のコミットメントあるいは信念」というのは、ciだけではなく基本的に「情報とその情報に対する話し手の判断を述べ立てる」という＜平叙文(あるいは平叙用法)＞として用いられる形式、例えばney、kwun、eなどにおいても共通している特性であると考えられる。つまり、このようなLee, H.S.(1991)の説明は、基本的な機能の規定として包括的すぎるという問題がある。そして、Lee, H.S.(1991)には＜真偽疑問用法＞に対する“確認要求”や＜命令用法＞、＜勧誘用法＞に対する“提案”といった説明もあるが、やはりニュアンスの指摘に留まっており、具体的な分析は行なっていない。

本稿では、ciの基本義を「知識表明」と規定するという点では、基本的に

Jang,K.H.(1985)と同じ立場である(詳細は3.3)。しかし、Jang,K.H.(1985)は基本義からその他の意味機能への拡張関係に関する具体的、かつ体系的な分析が乏しいという決定的な問題点がある。そこで、本稿ではこのような問題点を解決するために、先行研究ではあまり注目されなかった、次の2点に基づいて分析を試みたいと思う。

(9) ①「知識[2]」における確信度のスケール

話し手が有する「知識」は、確信度の観点から「確かな知識」から「不確かな知識」までスケールを持っている。

②「意味論」的意味と「語用論」的意味の区別

ciという形式自体が有する言語的意味とciという形式の具体的な使用における解釈を区別する。

この2点に注目して、ciは基本的に命題めあて的な意味機能としては「知識表明」を表し、発話伝達的な意味機能としては＜平叙用法＞であって、このような「知識表明」を表す＜平叙用法＞が具体的な使用において様々な＜平叙用法＞以外の用法に移行するということを検証する。

3.3. ciの命題めあて的な意味機能

3.3.1. 「知識表明」を表すci

終結語尾ciは、文の対象的な内容に対する話し手の判断、つまり命題め

2) 「知識表明」の定義は第2章(19)で規定した。

あて的な意味機能として次のような特徴を有し、終結語尾ney、kwunと対立的な振る舞いを示す[3]。

(10) 이미 알고 있었는데, 순이 예쁘{지／*네／*군}요.
(Shin,S.K.2001:71一部改変)

(11) 모르고 있었는데, 이제 보니 순이가 아주 예쁘{*지／네／군} 요.
(Shin,S.K.2001:71一部改変)

(10)のように文の内容が「既に知っている内容(下線参照)」つまり「知識表明」である場合は、ciは自然で、neyとkwunは不自然である。しかし、(11)のように文の内容が「発話時に知覚した内容(下線参照)」つまり「知覚表明[4]」である場合は、ciは不自然で、neyとkwunは自然である。従来の研究においては、このような言語現象に基づいてciは「知識表明」を表し[5]、neyとkwunは「知覚表明」を表すと指摘している(Park,J.Y.2006、Shin,S.K.2001、Son,H.S.1998、Jang,K.H.1985など参照)。このような言語現象に関する見解については、本稿でも先行研究と同じ立場である。そして、次のような言語現象は、これまで指摘されたことがないが、先行研究で分析したciとney、kwunの意味的な特徴を裏付けることができる言語現象であ

3) 詳細は2.3参照。
4) 「知覚表明」の定義は第2章(19)で規定した。
5) ここで「既に知っている内容」を表すというciの意味的特徴とテンスとの関係を簡単に触れておく。話し手が「既に知っている内容」としては、まず話し手が過去時に直接体験した内容を挙げることができる。このような'話し手が過去時に直接体験した内容'を「知識表明」として表す場合は、過去形を用いることが普通であろう((1)、(12)、(13))。しかし、話し手が「既に知っている内容」には、反復的に行われる事態、常識、通念などもあり(仁田2000:104-111参照)、このような場合は非過去形も用いられうる((7)、(14))。つまり、ciが意味的には「既に知っている内容」を表すとしても、テンス的には過去形だけではなく非過去形も用いられることを確認しておく。このような「知識表明」の意味のタイプとテンスのあり方の関連性については、より厳密な検討が必要であろうと考える。この問題については今後の課題とする。

ると考えられる。

次のようにciは確信度を表す叙法副詞との共起関係においてney、kwunと対立的な振る舞いを示す。

(12) "운전사한테 물어보지 않고 그랬습니까?"
"<u>물론</u>, 운전사한테 물어 보았{<u>지</u>/??<u>네</u>/??<u>군</u>}요."{경마}

(13) "내가 그 사람을 만난 것은 <u>아마</u> 종로 경찰서에서였{<u>지</u>/??<u>네</u>/??<u>군</u>}.
…고등계 형사실에서였을게야."{겨울}

(12)と(13)は確かさを表す「물론mwullon(もちろん)」と不確かさを表す「아마ama(たしか、たぶん)」との共起において[6]ciは自然であるが、neyとkwunは不自然である。つまり、「mwullon(もちろん)」と「ama(たしか、たぶん)」という叙法副詞は「知識表明」の文とは共起できるが、「知覚表明」の文とは共起できないのである。

以上のような言語現象は次のように説明できる。まず、話し手が発話時に初めて知覚で捉えた未知の事態や情報は、確信度、つまり確か、あるいは不確かで位置づけることはできないであろう。そこで、「知覚表明」の文では確信度を表す叙法副詞とは共起できないわけである。一方、話し手は既に知識として定着している内容に対しては記憶が鮮明な場合は確かな情報として、また記憶が不確実な場合は不確かな情報として位置づけることができるであろう。そこで、「知識表明」の文は確信度を表す叙法副詞と共起できるわけである。このような言語現象からも、ciは「知識表明」を表し、neyとkwunは「知覚表明」を表すと考えるのは妥当であることが示唆さ

6) 副詞「mwullon(もちろん)」と「ama(たしか、たぶん)」についてはSeo,J.S.(2005)、Son,N,I.(1995)参照。

れる[7)]。特に、本章の考察対象であるciの「知識表明」という意味機能は、以上のような文の内容と関わる節との共起関係((10)、(11))や確信度副詞との共起関係((12)、(13))から分かるように、形式自体が持っている言語的意味、つまり「意味論」的意味として理解される。

3.3.2. 確信度のスケールを有するci

前小節で、「知識表明」を表すciが確信度を表す叙法副詞と共起できるという言語現象を確認した。このような共起関係をより詳しく観察すると、ciが表す「知識表明」は確かさを表す副詞と共起する場合もあれば、不確かさを表す副詞と共起する場合もあることが分かる。例えば、(12)と(13)は双方ともciの「知識表明」の文であるが、(12)は「mwullon(もちろん)」という確かさを表す副詞と共起しており、(13)は「ama(たしか、たぶん)」という不確かさを表す副詞と共起している。このことから、ciが表す「知識表明」は確信度の観点から「確かな知識」から「不確かな知識」までスケールを持っていると言えるであろう。

さらに、「mwullon(もちろん)」と共起可能なciの文は次のように「当然・当為性」を表す「당연히tangyenhi(当然)[8)]」という副詞とも共起できる[9)]。

(14) a. "장래에 배우자로 당신을 무서워하는 사람이 좋은가요, 당신을 무시하는 사람이 좋은가요."
"당연히 ／물론 일대일로 평등한 관계로 대해주는 사람 이 좋{지／??네／??군}요." {황만근}

7) 同様の分析内容を2.3.5でも述べた。
8) 副詞「tangyenhi(当然)」についてはSeo,J.S.(2005)、Son,N.I.(1995)参照。
9) (14)a、bともに原文では「mwullon」である。

b. (話し手と聞き手がなぞなぞをしている状況で)

“힌트를 주셔야죠.”

“당연히 ／물론 드려야{지／??네／??군}요.” [전쟁]

(14)a、bで「mwullon(もちろん)」が「tangyenhi(当然)」に置き換え可能なことから分かるように「確かな知識」を表すciの文は話し手にとって妥当で望ましいと思われる内容、つまり「当然・当為性」を表すこともできる[10]。

そして、次のようにciの文が疑問詞を伴っていても、通常の＜疑問文＞とは見なせない場合がある。

(15) (写真とテープをどこにしまっておいたかが分からず、探し物をしている)

“이상하다. 어디 갔{지／??네／??군}.” [사생활]

(15)は文末が下降調であり独話で使われており、聞き手に問いかけるという＜疑問文＞の機能は持っていない。このような場合は過去に知っていた内容の一部を忘れて、それを思い出そうとする意味を表す。つまり、命題内容の一部が不確かになり、その「不確かな知識(記憶)」を問いかけず、「疑い」として述べ立てているだけである。このように「不確かな知識」を表すciの文には(13)のように命題全体が不確かな場合もあるが、(15)のように命題内容の一部が不確かな場合もある。

---

10) このような「当然・当為性」を表すciは、次のように「当該の事態が過去の非実現である」場合に用いられて、「過去において実現しなかった当該事態を妥当で望ましいこと、つまり「当然・当為性」の事態であると考える」ことから生じる“遺憾”のニュアンスを帯びることもある。

・(昨日の高校のクラス会について話し合う)

A(クラス会に不参加)：어제 반창회 어땠어? 재미있었어?(昨日、クラス会どうだった?楽しかった?)

B(クラス会に参加)：너도 오지. 진짜 재미있었는데.

以上の内容から、ciの意味機能について、次のようにまとめることができる。

(16) ① ciは「知識表明」つまり、「話し手が既に知っている内容」を表すという命題めあて的意味機能を持っており、このような意味機能は「意味論」的意味として理解される。

② ciが表す「知識表明」は、確信度の観点からすると「確かな知識」から「不確かな知識」までスケールを持っている。そして、「確かな知識」を表すciは「当然・当為性」を表すこともでき、「不確かな知識」を表すciには「命題全体が不確かな場合」もあれば、「命題内容の一部が不確かな場合」もある。

次節では、このような「意味論」的意味機能として「知識表明」を表すciの＜平叙用法＞が、具体的に使用されるとき、どのような発話伝達的な意味機能を帯びるのかについて検討する。

3.4. ciの発話伝達的な意味機能

前節で、ciは命題めあて的に「知識表明」を表すことを確認したが、このようなciの文は、具体的な使用において様々な発話伝達的な意味機能を帯びて使われる。本節では、ciの文における発話伝達的な意味機能に焦点を当てて、その振る舞いを検討する。

3.4.1. ＜平叙用法＞のci

終結語尾ciは、発話伝達面において、情報や判断を述べ立てる(聞き手に伝える)＜平叙文＞のような意味機能を持つ場合がある(以下＜平叙用法＞とする)。例えば、(7)や(12)、(14)のようなciの文は、相手の＜疑問文＞に答えて、相手に情報を与える＜平叙用法＞として用いられている。そして、3.3で挙げた例も全て発話伝達的には＜平叙用法＞として用いられている。本稿では、このような'情報や「知覚表明」という判断を述べ立てる'というciの＜平叙用法＞をciの基本的な用法(つまり「意味論」的意味)とし、このような＜平叙用法＞が具体的な使用において様々な発話伝達的な意味機能(つまり「語用論」的意味)に移行すると考える。この点を説明するために、本稿では、ciの様々な「文の類型」的な用法を各「文の類型」を表す代表的な表現と比較するという分析方法をとることにする。このような分析方法はこれまで試されなかったが、このような分析方法をとることによって、ciの用法及びその内実を浮き彫りにすることができると考えられる。

3.4.2. ＜疑問用法＞のci

終結語尾ciは、発話伝達面において、上昇調を伴い、話し手が疑っていること（以下「疑い」とする）を聞き手に問いかける(以下「問いかけ」とする)＜疑問文＞のような意味機能を持つ場合がある(以下＜疑問用法＞とする)[11]。このことは次のようにciの文が습니까{supnikka}、어요{eyo}といった形式をとる通常の＜疑問文＞と共通した機能を持っていることからも確認できる。

(17) "저는 불문과를 다녀요. 수지씨는 사학과를 다니{죠／ㅂ니까／어요}?"[나비].

11) 「疑い」と「問いかけ」については、安達(2002c)と仁田(1991、1997b)など参照。

“네, 그래요/아니요, 그렇지 않아요.”

(18) (電話の相手に)

“실례지만, 거기가 어디이{죠 ／ㅂ니까／어요}?”{상상}

“우진동인데요.”

supnikka、eyoの文と同様に、(17)のciの文は＜真偽疑問文＞のようにyes-no形の応答(下線)を要求しており、(18)のciの文は＜説明疑問文＞のように疑問詞に対する説明(下線)を要求している。しかし、ciの＜疑問用法＞は通常の＜疑問文＞とは異なる特徴も持っている。

3.4.2.1. ＜真偽疑問用法＞のci

選択疑問文の可否において、ciの＜真偽疑問用法＞は通常の＜真偽疑問文＞と異なる振る舞いを示す。

(19) 수지씨는 사학과를 다니{ㅂ니까／어요}, 아니면 사회학과를 다니{ㅂ니까／어요}?

(20) *수지씨는 사학과를 다니죠, 아니면 사회학과를 다니죠?

(21) *수지씨는 사학과를 다닙니다, 아니면 사회학과를 다닙니다.

(19)の通常の文の場合は選択疑問文が可能である。これは通常の＜真偽疑問文＞が真偽の選択において中立的であるからである。しかし、(20)のciの文の場合は(21)の＜平叙文＞と同様に、選択疑問文が不可能である。これは、ciの＜疑問用法＞が、＜平叙文＞のように中立的ではなく、話し手の判断が真の方に傾いていることを示唆している[12]。このような特徴

12) 一般に、このような現象を「傾き(bias)」と呼ぶ。詳細は安達(1999)と宮崎(2005)参照。

から分かるように、ciの＜真偽疑問用法＞は＜平叙文＞の特徴を持ち合わせており、話し手にとって真として判断が決まっている命題内容を述べ立てながら、聞き手に問いかけることによって確認を求める、いわゆる**「確認要求」**の意味を表す。さらに言えば、これには次のように二つのタイプがある。

(22) (お金の所在に関する記憶が、相手とは異なっている状況で)
“봐, 내 말대로 돈 여기 있지?”

(23) (ビザの期限について、相手から数か月前に聞いてあった状況で)
“채영주 씨, 당신 멀티비자도 이제 만기일이 지났죠?.” [너를]

(22)は話し手が確かな知識を述べ立てながら、聞き手に問いかけ、確認を求めている(括弧の説明と下線参照)。そして、(23)は話し手が不確かな知識を述べ立てながら、聞き手に問いかけ、確認を求めている(括弧の説明参照)。確認の対象が、(21)のように話し手の確かな知識である場合は押し付けるようなニュアンスを帯び(以下**「確かな知識の確認要求」**とする)、(23)のように話し手の不確かな知識である場合は確定化しようとするようなニュアンスを帯びる(以下**「不確かな知識の確認要求」**)。

この二つのタイプのciの＜真偽疑問用法(確認要求)＞における、「確かな知識」あるいは「不確かな知識」を述べ立てるという特徴は＜平叙用法＞のciと共通している。このようなciの＜平叙用法＞における意味機能が一定の語用論的な文脈において確認要求の意味機能に移行したと考えられる。例えば、(22)において、話し手にとっては確かな知識であっても、当該の命題に対して聞き手との共通認識に達していないと思われる文脈では自然に聞き手に確認を求める必要が生じる。また、(23)において、当該の命題に対して話し手は不確かであり、その不確かな知識と関わりがある(よく知っている)と見なされる聞き手が発話現場にいるという文脈では自然に聞き手に確認を求めることになる。

以上で述べたように、＜真偽疑問用法(「確認要求」)＞のciは「確かな知識」、あるいは「不確かな知識」を述べ立てるという点において＜平叙用法＞のciと共通している。このような知識を述べ立てる＜平叙用法＞のciが一定の語用論的な文脈において＜真偽疑問用法(「確認要求」)＞のciへ拡張したと考えられる[13)]。

(24) **＜平叙用法＞のci＋条件X_X — 拡張→＜真偽疑問用法(「確認要求」)＞のci**

(条件X_Xは、文脈で話し手が当該命題に対してどのように捉えているかという点である。(以下同様))

【確かな知識】 ＋条件X_1 — 拡張 →【確かな知識の確認要求】

(条件X_1:話し手と聞き手の共通認識が不足している)

【不確かな知識】 ＋条件X_2 — 拡張 →【不確かな知識の確認要求】

(条件X_2:聞き手が既知(確か)である)

3.4.2.2. ＜説明疑問用法＞のci

次はciの＜説明疑問用法＞とsupnikka、eyoをとる通常の＜説明疑問文＞との違いについて述べる。両者は次のように使用状況において少し異なる点がある。

(25) (一人で部屋に入ったら、寝ているミンスがいる。そして、その隣にチョルスがいる。)

철수 씨, 민수 씨가 왜 여기 있{지요／습니까／어요}?

---

13) このようなciの確認要求的な意味機能については、ney、kwunと日本語のネ、ダロウとともに、第6章でより詳しく述べる。

(26) (チョルスと一緒に部屋に入ったら、寝ているミンスがいる。)

철수 씨, 민수 씨가 왜 여기 있{지요／??습니까／??어요}?

(25)と(26)の文の内容は全く同じであるが、文脈が異なる。(25)では話し手は聞き手(チョルス)がミンスと一緒にいるから、ミンスがここにいる理由を知っており、話し手の疑問に答えうると想定している。このような場合はciの文と通常の文、双方とも自然である。ただし、ciの文の方が少々丁寧に感じられる。一方、(26)では話し手は聞き手(チョルス)と一緒に部屋に入ったので、聞き手が話し手の疑問に答えうるとは思っていない。このような場合はciの文だけが自然である。このような使用状況の違いは次のような両者の特徴を示唆する。通常の＜説明疑問文＞は、聞き手が話し手の疑問に答えうると想定している場合にのみ用いられることから分かるように、話し手の疑問に対する何らかの情報を聞き手から引き出そうとし、聞き手に応答を強制する。つまり、通常の＜説明疑問文＞は聞き手への問いかけ性が強い。これに対して、ciの＜説明疑問用法＞は、聞き手が話し手の疑問に答えうると想定していない場合にも用いられることから分かるように、聞き手に対して問いかけることを意図せず、疑いを述べ立てるだけであり、聞き手に応答を強制しない。つまり、ciの＜説明疑問用法＞は聞き手への問いかけ性が弱い(以下**「応答を強制しない説明疑問用法」**とする)。このような相手に応答を強制しないというciの＜説明疑問用法＞の特徴が動機となり、(25)のように、話し手の疑問に対して知識があると見なされる聞き手が発話現場にいるという場面である場合、ciの文の方が丁寧に感じられると思われる。

そして、このことは次のような使用状況の違いにも反映されていると思われる。

(27) (指示もしていない報告書をいきなり部下から提出された上司)

도대체, 이게 뭐{죠／ㅂ니까／어요}?

(28) (指示通りにできていない、部下の報告書を見て、叱責する上司)

도대체, 이게 뭐{??죠 ／ㅂ니까／어요}?

(27)では報告書を差し出された話し手(上司)が、その正体について聞き手(部下)に説明を求めている。一方、(28)では説明を求めているよりは、指示通りにできていないことについて聞き手を叱責している。つまり、(27)は本来の＜説明疑問文＞であるが、(28)は「反語」の用法として解釈される文であり、話し手が聞き手に伝える情報(「報告書が指示通りにできていない」)を強調している。(27)のような本来の＜説明疑問文＞の場合はciの文と通常の文、双方とも自然である。しかし、(28)のような「反語解釈」の場合は通常の文だけが自然である。「反語解釈」は、聞き手に伝える情報を強調するのが基本的な機能であると考えられる[14]。つまり「反語解釈」においては「聞き手めあて性」が重要であり、＜説明疑問文＞が「反語」の用法として解釈されるためには「疑い」を述べ立てるだけでは足りず、強い聞き手への問いかけ性が必要である。そこで、聞き手への問いかけ性が強い通常の＜説明疑問文＞は「反語」で解釈されるにあたって特に問題ないが、問いかけ性の弱いciの＜説明疑問用法＞は「反語解釈」が出にくいのである。

上で見たように、このような＜説明疑問用法＞のciにおける、'問いかけず「疑い」を述べ立てる'という特徴は、3.3.2で述べた「不確かな知識」のうち、「命題の一部が不確かな知識」の特徴と共通している。このような「命題の一部が不確かな知識」を「疑い」として述べ立てるというciの＜平叙用法＞の意味機能が、当該の命題と関わりのある(よく知っている)と見なされる聞

14) Han,K.(2005)では、＜反語文＞は主に対話的な場面で用いられると指摘している。

き手が発話現場にいるという語用論的な文脈で「応答を強制しない説明疑問用法」へ拡張したと考えられる。

(29) **＜平叙用法＞のci** ＋**条件X_X** ―――― **拡張** ――――→
＜説明疑問用法＞のci

【命題の一部が不確かな知識】 ＋条件X_3 ―――― 拡張 ――――→
【応答を強制しない説明疑問用法】

(条件X_3:聞き手が既知(確か)である)

3.4.3. ＜命令用法＞・＜勧誘用法＞・＜意志用法＞のci

終結語尾ciを持つ文は、発話伝達面において、聞き手に行為を要求する＜命令文＞と＜勧誘文＞、あるいは話し手の意志を述べ立てる＜意志文＞のような機能を持つ場合がある(以下＜命令用法＞、＜勧誘用法＞、＜意志用法＞とする)。このことは、次のようにciがそれぞれの通常の文の文末形式に置き換えが可能なことから分かる。特に、ciの文が＜勧誘用法＞、＜命令用法＞として使われる場合は、通常の文と同じ応答の仕方をすることからも確認できる。

(30) (相手にお酒を勧める)
“안 돼요. 전 술 못 마셔요.”
“한 잔만 드시{죠 ／어요／ㅂ시오}.” [사슴]
“알겠습니다.”

(31) “보시면 알겠지만 우리 집에 피아노가 없어요. 중고 피아노 한 대 사려구요.”
“제가 아는데가 있으니까 같이 가{죠 ／아요／ㅂ시다}.” [노래]

"알겠습니다."

(32) "김이정 씨가 한국에 오면 연락을 좀 해주시겠습니까?"

"좋습니다. 연락을 드리{죠／겠습니다}."[전우치]

ciが、(30)では通常の命令形式eyo、으십시오{usipsio}に置き換えが可能であり、(31)では通常の勧誘形式eyo、읍시다{upsita}に置き換えが可能であり、(32)では通常の意志形式겠습니다(keysssupnita)に置き換えが可能である。特に、ciの文が通常の＜命令文＞と＜勧誘文＞と同様に、答えが「알겠습니다alkeysssupnita(分かりました)」という服従の形をとることから聞き手に行為を要求する機能を持っていることが確認できる。

しかし、これらのciの＜命令用法＞、＜勧誘用法＞、＜意志用法＞は、それぞれの用法に対応する通常の文とは使用状況において少し異なる点がある。

3.4.3.1. ＜命令用法＞のci

まず、＜命令用法＞について検討する。

(33) 上司 : 내일 아침에 회의가 있으니 빨리 오{??지요／아요／십시오}.

部下 : 네, 알겠습니다.

(34) 母親 : 학교 끝나면 다른데 가지 말고 곧바로 집으로 오{??지／아／아라}.

息子 : 네, 알겠어요.

(33)と(34)は話し手が聞き手に行為を指示する状況である。(33)では聞き手(部下)に「明日、早く来る」ことを、(34)では聞き手(息子)に「学校が終わったらすぐ帰ってくる」ことを指示している。このように指示をする文脈では、通常の＜命令文＞は自然であるが、ciの＜命令用法＞は不自然である。

(35) 息子 : 엄마, 내일 철수 집에 놀러 가도 돼요?
　　母親 : 가고 싶으면 가{??지／아／라}.

そして、(35)では許可を求める聞き手に許可を与える状況である。このような許可を与える文脈でも、通常の＜命令文＞は自然であるが、ciの＜命令用法＞は不自然である。

(36) (夕食の時、最近、太り気味の息子とそれを心配している母親)
　　息子 : 엄마, 한 그릇 더 주세요.
　　母親 : 살찌는데 그만 먹{지／어／어라}.

(36)では、話し手にとって、当該事態(「おかわりをやめる」)が聞き手に妥当で望ましいと思い、聞き手に提案する状況である。このように、妥当なことを提案する文脈では、通常の＜命令文＞とciの＜命令用法＞双方とも自然である。ただし、ciの＜命令用法＞の方が、少々丁寧で親密感が感じられ、意味的には「～는 것이 어때(요)?～-nun-kes-i ettay(-yo)(～たらどうですか)／～는 것이 나을 것 같은데(요)～-nun kesi nau-l-kes kath-untey(-yo)(～ほうが良いと思いますけど)」に置き換えることができる(以下**「提案調の命令用法」**とする)。

このような現象は、通常の＜命令文＞は聞き手に行為の実行を強制する機能を持っているが、ciの＜命令用法＞は聞き手に行為の実行を求めることを意図せず、話し手にとって妥当で望ましいことを述べ立てるだけである、という点を示唆している。このような違いから、通常の＜命令文＞は指示、許可、提案などの使用状況を問わず使えるが、ciの＜命令用法＞は強制力の要る、指示や許可を与える場面では使えず、強制力を伴わない提案のような場面でのみ使えるのである。このようなciの＜命令用法＞を使うことによって、聞き手に行為の実行を要求するような語用論的な文脈であっても、聞き手に行為の実行を強制しないという聞き手への配慮から、丁寧さや親密感のニュアンスを帯びていることになる。

上で見たように、ciの＜命令用法＞における、妥当で望ましいことを述べ立てるという特徴は、3.3.2で述べた＜平叙用法＞の「確かな知識」のうち、「当然・当為性」を表す場合の特徴と共通している。このような「当然・当為性」を伴う「確かな知識」を述べ立てる＜平叙用法＞のciが、聞き手が当該行為を実行する(つまり、聞き手の意志的行為として捉えている)ような語用論的な文脈になると自然に＜命令用法＞の意味機能に移行すると考えられる。

(37) ＜平叙用法＞のci　　　　＋条件$\mathbf{X}_X$ —— 拡張 ⟶

＜命令用法＞のci

【「当然・当為性」を伴う確かな知識】 ＋条件$\mathbf{X}_4$ —— 拡張 ⟶

【提案調の命令用法】

(条件$\mathbf{X}_4$: 聞き手の意志的な行為)

3.4.3.2. ＜勧誘用法＞のciと＜意志用法＞のci

次は、＜勧誘用法＞について検討する。

(38) (職場で同僚同士が)

A : 오후에 바쁘세요?

B : 안 바쁜데요.

A : 내일 회의가 있는데, 회의 준비 좀 같이 하{(?)죠 ／여요}.

B : 네, 알겠습니다.

(39) (職場で同僚同士が)

A : 오후에 바쁘세요?

B : 안 바쁜데요.

A : 내일 회의가 있는데, 회의 준비 좀 같이 할 수 있어요?

B : 네, 같이 하{(?)죠／여요}.

(40) (職場で同僚同士が)

A : 저녁 모임에 쓸 과자랑 음료수는 어떻게 할까요?

B : 편의점에 가서 함께 사{죠 ／아요}.

(38)は聞き手に「一緒に会議の準備をする」ことをお願いする状況であり、行為の実行が話し手の利益になるような場面である。そして、(39)は聞き手のお願い(「一緒に会議の準備をする」)を受け入れる状況であり、行為の実行が聞き手の利益になるような場面である。このように話し手、あるいは聞き手に利益になる文脈では、ciの＜勧誘用法＞は不自然か、使えても高圧的なニュアンスを帯びる[15]。しかし、同じ文脈であっても、通常の＜勧誘文＞はそのようなニュアンスが感じられない。

一方、(40)は意見を求める聞き手に対して、話し手にとって妥当で望ましいと思われる行為の実行(「コンビニに行って、一緒に買う」)を提案する状況である。このように行為の実行が利益の面において中立的である文脈では、通常の＜勧誘文＞だけではなく、ciの＜勧誘用法＞も自然で、しかも高圧的あるいは恩着せがましいニュアンスも感じられない。このようなciの

15) 「같이 하-시-죠(kathi ha-si-ci-yo)」のように、尊敬の形態素siを伴うと、高圧的なニュアンスが少し緩和されることもある(＜命令用法＞においても同様)。

＜勧誘用法＞も、ciの＜命令用法＞と同様に意味的には「~는 것이 어때(요)?~-nun-kes-i ettay(-yo)(~たらどうですか)/~는 것이 나을 것 같은데(요)~-nun kesi nau-l-kes kath-untey(-yo)(~ほうが良いと思いますけど)」に置き換えることができる(以下**「提案調の勧誘用法」**とする)。

以上のような＜勧誘用法＞のciの特徴は、＜意志用法＞のciでも見られる。

(41) (健康診断の結果を見ながら、医者と患者が話し合っている)

医者 : 건강을 위해서 담배를 끊는 것이 어떻습니까?

患者 : 알겠습니다. 끊{(?)**죠** ／**겠습니다**}.

(42) (会社の会議で)

上司 : 누가 내일 일본에 출장 좀 가줬으면 좋겠는데, 누구 없습니까?

部下 : 제가 가{(?)**죠** ／**겠습니다**}.

(43) (職場の同僚同士)

A : 저녁 모임에 쓸 과자랑 음료수는 어떻게 할까요?

B : 과자는 제가 준비하{**죠** ／**겠습니다**}.

A : 그럼 음료수는 제가 준비하겠습니다.

(41)は、聞き手の助言·忠告(「健康のためにタバコをやめる」)に対して、話し手が行為の実行を決断したことを聞き手に伝える状況であり、話し手の利益になるような場面である。そして、(42)は、聞き手のお願い(「日本に出張に行く」)に対して、行為の実行を申し出る状況であり、聞き手の利益になる(話し手が負担になる)ような場面である。このように話し手と聞き手のうち、ある片方に利益になる文脈では、ciの＜意志用法＞は不自然か、使えても高圧的で恩着せがましいニュアンスを帯びる。しかし、同じ文脈であっても、通常の＜意志文＞はそのようなニュアンスはない。

一方、(43)は、意見を求める聞き手(A)に対して、話し手(B)が行為の実行(「お菓子を用意する」)を申し出る状況である。このように行為の実行が中立的である文脈では、通常の＜意志文＞とciの＜意志用法＞双方とも自然である(以下**「中立的な行為の申し出」**とする)。

このような現象から、通常の＜勧誘文＞と＜意志文＞と違って、ciの文は話し手にとって妥当で望ましいことを述べ立てるだけである、ということが分かる。このような違いから、通常の文は話し手と聞き手の利益と関係なく使えるが、ciの文は話し手、あるいは聞き手の利益になる場合に使うとそれぞれの場合が妥当で望ましいということになり、高圧的で恩着せがましいニュアンスを帯びてくるのである。

上で見たように、ciの＜勧誘用法＞と＜意志用法＞が妥当で望ましいことを述べ立てるという特徴は、3.3.2で述べた＜平叙用法＞の「確かな知識」のうち、「当然・当為性」を表す場合の特徴と共通している。このような「当然・当為性」を伴う「確かな知識」を述べ立てる＜平叙用法＞のciが、話し手が当該行為を聞き手と一緒に実行する必要がある(つまり、話し手と聞き手との意志的行為として捉えている)、あるいは話し手が当該行為を実行すると宣言する(つまり、話し手の意志的行為として捉えている)という語用論的な文脈になると、自然に＜勧誘用法＞、あるいは＜意志用法＞の意味機能に移行すると考えられる。

(44) ① **＜平叙用法＞のci** **＋条件X_X ―― 拡張 ⟶**

＜勧誘用法＞のci

【「当然・当為性」を伴う確かな知識】 ＋条件X_5 ―― 拡張 ⟶

【提案調の勧誘用法】

(条件X_5:話し手と聞き手の意志的行為)

② ＜平叙用法＞のci　　+条件X_X　―― 拡張 ⟶

＜意志用法＞のci

【「当然・当為性」を伴う確かな知識】 +条件X_6　―― 拡張 ⟶

【中立的な申し出の意志用法】

(条件X_6:話し手の意志的行為)

以上で確認したように、＜命令用法＞のciと＜勧誘用法＞のci、＜意志用法＞のciは、＜平叙用法＞のciの「当然・当為性」を伴う「確かな知識」から拡張した点において、共通している((37)、(44)参照)。

3.5. 終わりに

本稿第2章では現代韓国語の終結語尾ciの文は「知識表明」を表す＜平叙文＞として用いられるとした。ところが、実際はciの文には＜平叙文＞とは呼べないような場合もある。そこで、本章では、本来の＜平叙文＞としてのciの文と＜平叙文＞以外の意味機能を持つciの文の関係について明らかにしようとした。その際、「「知識」における確信度のスケール」と「「意味論」的意味と「語用論」的意味の区別」という点に注目して、分析を行なった。その分析内容をまとめると次のようである。

(45) ① ciの文は、基本的に「知識表明」つまり「話し手が既に知っている内容」を表すという「命題めあて的」な意味機能と情報と判断を述べ立てるという＜平叙用法＞としての発話伝達的な意味機能を持っている。そして、このような意味機能は形式自体が持っている「意味論」的意味として理解される。

② ciが表す「知識表明」は、確信度の観点からすると「確かな知識」から「不確かな知識」までスケールを持っている。そして、「確かな知識」を表すciは「当然・当為性」を表すこともでき、「不確かな知識」を表すciには「命題全体が不確かな場合」もあれば、「命題内容の一部が不確かな場合」もある。

③「確かな知識」あるいは「不確かな知識」を述べ立てる＜平叙用法＞のciが、次のような語用論的な要因(X)が加わることによって、他の用法(＜疑問用法＞、＜命令用法＞、＜勧誘用法＞、＜意志用法＞)へ拡張すると考えられる。

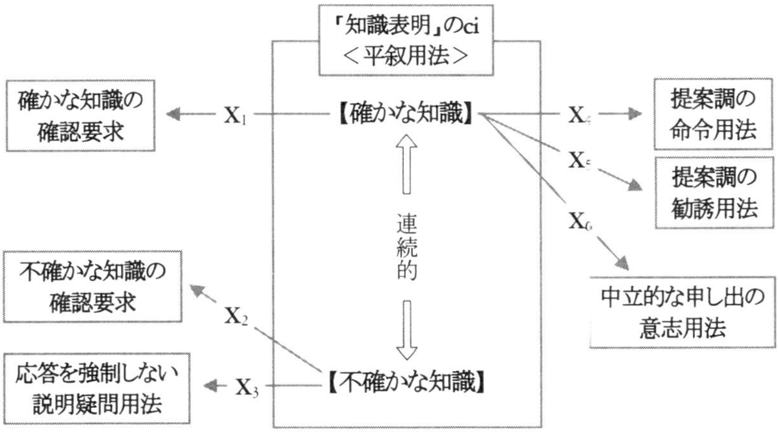

※ 語用論的要因(条件X_X):文脈において話し手が当該命題をどのように捉えているかという点

・X_1〜X_3：＜情報要求系＞
　－X_1：話し手と聞き手の共通認識が不足している
　－X_2とX_3：聞き手が既知(確か)である情報

・X_4〜X_6：＜意志的行為系＞
　－X_4：聞き手の意志的行為
　－X_5：話し手と聞き手の意志的行為
　－X_6：話し手の意志的行為

図3.1. 現代韓国語の終結語尾ciの拡張関係図

このような分析結果から、ciの文は＜平叙用法＞以外にも様々な意味機能を有しているとしても、第2章で述べたように、「知識表明」を述べ立てる＜平叙用法＞が基本的な意味機能であると言って良いと考えられる。

第4章

現代韓国語の終結語尾neyとkwun

4.1. はじめに

第2章では、日韓の<平叙文>の文末形式は、「知覚表明」対「知識表明」といった意味的対立に基づいて、密接に対応していることを確認した。しかし、第2章で見たように、韓国語の場合、「知覚表明」を表す形式はneyとkwunという二つの形式が存在しているため、両者の違いは何であるかについても説明する必要があった(第2章の分析結果から浮き彫りになった問題点(38)である)。つまり、neyとkwunは、次のように基本的に置き換えることができる類義関係にある。

(1) 모르고 있었는데, 이제 보니 순이가 아주 예쁘{네／군}요.

(Shin,S.K.2001:71)

(1)の波線と下線の内容から分かるように、一般にneyとkwunは双方とも文の内容が“発話時に発話現場で知覚して(下線)、初めて知った内容(波線)”であることを表す形式とされている[1]。こうした意味機能から、次の(2)のように文の内容が“既に知っている内容(下線)”である場合はneyとkwunは双方とも不自然となる。

(2) 이미 알고 있었는데, 순이가 예쁘{*네 ／*군}요.

(Shin,S.K.2001:71)

しかし、neyとkwunは常に置き換えることができるわけではなく、次のようにneyとkwunの置き換えが不自然な場合もある。

(3) 어머나, 영수가 1등을 했{네／*군}. (Lee,I.S.2005:180)

(4) (面識はないがチョルスに弟がいることは知っており、発話時の話し相手がチョルスにそっくりであるのを見て)

네가 철수 동생이 {*네／구나}. (Park,J.Y.2006:230)

(5) A : 그 약을 먹으면 상당히 목이 아파. (Jang,K.H.1985:103)

B : (相手の発話を受けて、そのまま繰り返して言う)

목이 아프{*네／구나}.

(6) 어제는 비가 많이 오더{군／*네}요. (Shin,S.K.2001:80)

以上のような置き換えの可否、つまり双方の異同を説明するために、従来の研究において様々な議論がなされてきたが、まだ十分な解明には至っていないように見受けられる。そこで、本章では現代韓国語のhay(yo)体

1) 先行研究については4.2で詳細に述べる。

のneyとkwunを取り上げ、意味用法の全体像を概観した上で、その共通点と相違点について考察したい。

4.2. 先行研究と問題のありか

本節ではneyとkwunの先行研究を検討し、その意味用法と共通点、相違点に関する問題点を述べる。

第一に、neyとkwunの意味用法については、様々な記述がある。例えば、Lee,I.S.(2005)では「新しい知覚」「推測」「確認疑問」のように下位分類しており、Park,J.Y.(2006)では「現在知覚」「推論」「類似疑問」のように下位分類している。しかし、例えば、Park,J.Y.(2006)による「現在知覚」と「推論」「類似疑問」のような分析では説明しきれない場合もあり(Lee, I.S.(2005)の場合も同様)、このような分析がneyとkwunの意味用法の全体像を示しているとは思えない(詳細は4.3で述べる)。さらに、「現在知覚」と「推論」「類似疑問」(Park,J.Y.(2006)の用語)といった意味用法間の関連性についてもあまり論じられていない。

第二に、neyとkwunの共通点については、4.1で見たように多くの研究で「(ⅰ)発話時に発話現場で知覚して、(ⅱ)初めて知った内容」であるとしつつ、(ⅰ)と(ⅱ)を表裏一体的な概念として述べている(Lee,I.S.・Chay, W.(2000:256-266)、Shin,S.K.(2001:71)、Nam,K.S.(2001:391-394)、Lee,I.S.(2005:175-181)、Park,J.Y.(2006:224-229)など)[2)]。確かに、

2) 初期の研究ではneyとkwunが“話し手が感じている気持ちや感動などの感嘆”を表すという分析が多かったが(Nam,K.W.他1965:104、Lee,U.B.他1978:143、Kim,M.S. 1978:69)、最近の多くの研究では「話し手が発話時に知覚して、初めて知った内容」を表すと分析している。確かに、neyとkwunが感情や属性を表す述語を伴うと話し手の気持ちや感動を表す場合も多い。しかしJang,K.H.(1985:89-93)とSeo,J.S.(1996:340)

neyとkwunの文は(1)のように(ⅰ)「発話時における発話現場での知覚内容」(下線)でありながら(ⅱ)「初めて知った内容」(波線)を表す場合が多い。しかし、(ⅰ)と(ⅱ)が表裏一体であるとは言いにくい場合もある。例えば、neyとkwunの文は次の(7)のように既に知っていたこと(下線)を改めて知覚した内容(波線)を表すこともできる。

(7) 전부터 알고 있었지만, 또 봐도 정말 예쁘{네 ／군}요.

このような例から分かるように、neyとkwunの文は話し手が‘(ⅰ)発話時に発話現場で知覚する’ことによって、その知覚内容を‘(ⅱ)初めて知る’場合もあれば、‘(ⅲ)改めて確認する’場合もあるのである。そこで、neyとkwunの共通点は(ⅰ)「発話時に発話現場で知覚した内容」つまり「現在知覚」で十分であると考えられるが、このことについてはまずneyとkwunの様々な意味用法を検討する必要があるであろう。

第三に、neyとkwunの相違点については、先行研究のうち、代表的なものとして「推論」用法の有無による分析と「叙述視点」の違いによる分析がある。まず、「推論」用法の有無による分析を検討する。用例(4)のように相手の顔がチョルスに似ていることを見て「相手がチョルスの弟である」ことを推論して発話する場合に、kwunは自然で、neyは不自然である。このことからPark,J.Y.(1999、2006)ではkwunは「推論」を表すことができるが、neyは「推論」を表すことができないとしている。確かに(4)のような場合においてはその通りである。しかし、次の(8)のような文脈となると、neyも十分

で指摘しているように、話し手の気持ちや感動を表すとは思えないneyとkwunの文も多いという点から、本稿ではneyとkwunの基本義を「感嘆」とは規定しにくいと考える。このことは例文(1)と(2)、そして4.4～4.6で挙げる言語現象などが「感嘆」では説明しにくいという点からも支持されるであろう。

「推論」を表すことができると考えられる。例えば、玄関先の息子(チョルス)の靴を見て、「息子(チョルス)が帰って来た」ことを推論して発話する場合はneyも可能なのである。このようにneyも「推論」を表すことができるとすると、(4)と(8)のような違いは何に起因するのかという問題が残る。

(8) (母親が帰ってきたとき、玄関先に息子(チョルス)の靴があるのを見て)
철수 왔{네 ／구나}.

次に、話し手と聞き手との「叙述視点」の違いによる分析を検討する。Shin,S.K.(2001)では、neyとkwunの違いを、話し手の発話が話し手と聞き手のどちらに視点が置かれるか、という「叙述の視点」で説明しており、話し手が叙述の視点を、neyは聞き手に置くのに対して、kwunは話し手自身に置くとしている。

しかし、叙述の視点を聞き手に置いて表現するというneyが次のように聞き手のいない独話の場面でも用いられるという点を考えると、存在しない聞き手を仮定してまでneyが聞き手の視点を表すとするのは無理があるように考えられる[3]。

(9) (誰もいない部屋に入って)
아무도 없네!

このようにneyとkwunの相違点は「推論」用法の有無、あるいは「叙述

3) Shin,S.K.(2001)では、neyが独話に用いられることについて、"目に見える聞き手の存在ではないとしても、自分の発話を聞いている仮想の聞き手を意識し、その聞き手の視点で自分の知覚内容を叙述する(Shin,S.K.2001:77)"と述べているが、仮想の聞き手を想定するという点自体に無理がある。

の視点」の違いによっては説明しにくい点が多いと思われる。neyとkwunの相違点を的確に記述するためにはこれらに代わる別の観点が必要である。

そこで、以上のような問題点を明らかにするために、まずneyとkwunの具体例を観察したうえで、意味用法の全体像を把握し、その様々な意味用法に共通する基本的な意味を考える(4.3)。次に、感動詞との共起関係の違いから想定できる話し手の「入力情報の処理過程」の観点に立脚して、neyとkwunの相違点の分析を試みる(4.4～4.6)。

4.3. neyとkwunの意味用法と共通点

本節では、neyとkwunの具体例を検討し、様々な意味用法を整理しつつ記述し、共通する基本的な意味を考える。まず、neyとkwunの文を話し手と聞き手の間での情報のやりとりに関係する文の類型の観点から観察すると、neyとkwunの文には振る舞いが異なる場合が見られる。

(10) (部屋に入って)

「조도가 왜 이래?」{손}

「글쎄, 좀 어둡{네 ／군}요.」

(11) A : 영희는 내년에 미국에 간대. (Park.J.Y.2006:226一部改変)

B : 그럼 철수 혼자 남게 되{네 ／는구나}?

A : 아니, 철수도 같이 간다던데.

例えば、(10)のneyとkwunの文は、相手の＜疑問文＞(下線)に対して聞き手に情報を与える機能を有する＜平叙文＞として用いられている。一方、(11)のneyとkwunの文は、相手の応答(下線)からも分かるように聞き手から情報を引き出そうとする機能を有する＜疑問文＞として用いられている。

本節では、このような情報のやりとりという「文の類型」の機能に着目して、neyとkwunを「＜平叙文＞としてのneyとkwun」と「＜疑問文＞としてのneyとkwun」に分けて検討することにする。

4.3.1. ＜平叙文＞としての neyとkwun

4.3.1.1. 「写実用法」

4.1と4.2で見たように、neyとkwunの文が情報や判断を提供する＜平叙文＞として用いられるとき、文は基本的に‘発話時に発話現場で話し手が知覚した内容’つまり「知覚表明」を表す。そのneyとkwunの文が表す知覚内容は、次のように話し手の外的な感覚器官によって捉えている出来事を表す場合もあり、話し手が内的に感じたり思考したりする心的状態を表す場合もある。

(12) (雪が降っているのを見て)

「어머, 눈이 내리<u>네</u>.」{우화}

(13) (相手の家の中を見回して)

「집이 무척 조용하<u>군</u>요.」{오후}

上のようなneyとkwunの文では話し手が発話時に発話現場で視覚((12))、聴覚((13))などの外的な感覚器官を通して、知覚した出来事((12)「雪が降っている」、(13)「家がとても静かだ」)がそのまま表されている。

(14) (相手と一緒に歌を聞いて)

「가사가 슬프군요.」 {오디션}

(15) (相手の話を聞いて)

「이해가 안 가네요.」{추억}

従来の研究ではあまり指摘がないが、上のようなneyとkwunの文は発話時における話し手の感情((14)悲しさ)、思考((15)理解)などの内的な心的状態をそのまま表している例である。このように話し手が感じたり、思考したりする内的な心的状態は、内的感覚とも言えるであろう[4)]。「知覚内容」と言うと視覚、聴覚などの外的感覚に限定されやすいが、実際のneyとkwunの用例を見ると内的な心的状態を表わす場合も多い。

以上のようなneyとkwunの文は、外的か、内的かという違いはあるものの、話し手が発話時に発話現場で知覚した内容をそのまま表していると言える。そこで、このタイプのneyとkwunの用法を「写実用法」と呼ぶことにする。

4.3.1.2.「触発用法」

＜平叙文＞としてのneyとkwunの用例を見ていると、前小節で述べたような'発話時に知覚した内容をそのまま表す'ということでは説明しきれない場合がある。

(16) (相手が電話に出ないので、留守電にメッセージを入れている)

「시내에서 잠깐 전화하는데, 지금도 또 집에 없네요.」{꿈}

4) 仁田(2000)では、日本語の無標形式(断定形)の意味用法を分析する際、「知覚内容」として「外的感覚」だけではなく「内的感覚」も含めて論じている。

(17) (灯が点いていない部屋から音楽の音が聞こえる)

「음악을 끄지 않고 그냥 잠들었군.」[하늘]

(18) 「한자의 고사 성어라는 거 있지. 옛날 한문 네 글자로 된 거 말야.」

「고등학교는 나왔네요. 그런 걸 다 아는 거 보니.」[이름]

(19) 「우리 엄마 손여사, 몇 살인 줄 아세요? 나보다 열 살 위예요. 당신 나이죠.」

「열 살? 그럼 열 살에 앨 낳았단 말이야?…略…새엄마로군.」[커튼]

上のようなneyとkwunの文の当該命題は、話し手が知覚した内容ではなく、話し手が推論した内容である。このようなneyとkwunの例に対して、従来の研究では「推論」と述べており、本稿でも同様に考える。しかし、このようなneyとkwunの「推論」の用法について、従来の研究では見過ごしている点が二つある。まず、第一は、一部の研究ではkwunしか「推論」を表わすことができないとしているが、(16)と(18)のようにneyも推論を表わすことができる(4.2の説明を繰り返すことになるが(例文(8)とその説明参照))ということである。そして、第二は、neyとkwunが表わす「推論」は単なる「推論」ではなく、その「推論」の根拠が「知覚内容」であることを明示的に示しているということである。つまり、このようなneyとkwunの文は、話し手が発話時に知覚した出来事や相手の発話(波線)に基づいて、推論した内容(下線)を表わしている(相手の発話も聴覚内容の一種と見なす)のである。例えば、(16)では、話し手が発話時に知覚した「相手が電話に出ない」ことに基づいて「今も家にいない」ということを推論している。そして、(19)では、「母親は私より10歳上だ」という相手の発話から「(普通10歳に子どもは産めないから)その母親は継母である」ということを推論している。(17)と(18)も同様に説明できる。

また、先行研究には上で触れた「推論」用法における問題点より大きな問題点がある。それは、「推論」の用法以外にも、neyとkwunの文において当該命題が話し手の知覚した内容ではない場合があるという点である。

(20) (衣替えの時期に、去年着ていた子どもの服がもう合わないことを見ての母親の発話)
「애들 크는건 정말 금방이네. 어느새 이게 못 입게 됐으니.」[이름]
(21) (雨に降られ、ずぶ濡れになって) {가장}
「영락없이 패잔병꼴이군」
(22) 「우리가 먹은 음식값이 모두 얼마인지 알아?」{시간}
「……」
「삼만동이야.」
「한국 돈으로 이천사백원 정도 되네. 엄청 싸다.」
(23) 「도대체 혜정이 그애 결혼식 날짜는 언제야?」{숨은}
「오는 토요일이래요.」
「오는 토요일이라면 이제 사흘 밖에 안 남았군.」

例えば、上のようなneyとkwunの文の当該命題は、話し手の知覚した内容とは言えず、推論した内容とも言いにくい。このような場合は、知覚内容(波線)を再解釈した内容と言った方が正しいように思われる。例えば、(16)では「相手が電話に出ない」という知覚内容と「今も家にいない」という発話内容は因果関係が成立しており「推論」のニュアンスを帯びるが、(20)では「子供に服が合わなくなった」という知覚内容と「子供の成長は早い」という発話内容は因果関係よりは同定関係が成立しており「再解釈」のニュアンスを帯びることになる。つまり、このようなneyとkwunの文は、「知覚内容」を受けて話し手が改めて解釈した内容を表わしているのである。例えば、

(23)では「(ヘジョンさんの結婚式は今週の)土曜日だ」という相手の発話を受けて「(ヘジョンさんの結婚式は)三日しか残っていない」と言い換えている。(21)と(22)も同様に説明できる。

＜平叙文＞のneyとkwunの用例にはもう一つ、当該命題が話し手の知覚した内容ではない場合がある。

(24)「목이 좀 마르다. 배도 좀 고프고.」
「그러고 보니까, 실장님, 점심을 안 먹었네요.」[들깨]

(25)「저는 간밤에 거의 잠을 자지 못했거든요.」
「어머! 왜 그러셨어요? 그러고 보니 안색이 별로 좋지가 않군요.」[경마]

上のようなneyとkwunの文の当該命題も話し手の知覚した内容とは言えない。このようなneyとkwunの文は、「그러고 보니(까)kuleko poni(kka)(そういえば)」という表現から分かるように、相手の発話から気付かされた内容を表している。例えば、(24)では話し手と聞き手はしばらく一緒にいた状態なので、当然知っているはずであったが、聞き手の「お腹が空いている」という発話によって、「(そういえば)相手がお昼を食べていない」と気づかされている。(25)でも、「相手の顔色が良くない」という内容は知覚すればわかることではあるが、聞き手の「昨夜、ほとんど寝られなかった」という発話によって、「そういえば」と気付かされている。

以上で、neyとkwunの文において話し手が知覚した内容をそのまま表わしていない場合について「推論」と「再解釈」、「気付き」に分けてみた。しかし、ここで重要なのは、このように下位分類できるという点ではなく、先行研究では指摘のなかった「推論」では説明しきれない場合があり、それらを含めて説明可能な分析が必要であるという点である。そこで、この問題の解決のために、本稿では次のように考えることにする。

「推論」であれ、「再解釈」や「気づき」であれ、このタイプのneyとkwunは知覚内容に触発され、導かれた内容を表明するという点で共通していると言える。「推論」、あるいは「再解釈」、「気づき」といったニュアンスは、「知覚内容(触発要因)」と「触発される内容」における、因果関係、同定関係などといった二事態間の関係性、つまり語用論的な文脈から生じたものに過ぎないのである。そこで、このタイプのneyとkwunの用法を**「触発用法」**と呼ぶことにする。さらに、このような用法は「知覚内容」が触発要因となるという点において「知覚内容」をそのまま表す「写実用法」と連続する。

4.3.2. ＜疑問文＞としての neyとkwun

neyとkwunの文は、例文(11)で見たように相手に応答や反応などの情報を要求する＜疑問文＞として用いられる場合がある。しかし、neyとkwunの＜疑問文＞は次のように選択疑問文の可否において通常の＜疑問文＞と異なる特徴を持っている。

(26) 그럼 철수 혼자 남게 됩니까, 아니면 같이 갑니까?

(27) *그럼 철수 혼자 남게 되{네／는구나}, 아니면 같이 가{네 ／는구나}?

(28) *그럼 철수 혼자 남게 됩니다, 아니면 같이 갑니다.

(26)の通常の＜疑問文＞の場合は選択疑問文にすることができる。これは通常の＜真偽疑問文＞が真偽の選択において中立的であるということを意味する。しかし、(27)のneyとkwunの＜疑問文＞の場合は、(28)の通常の＜平叙文＞と同様に選択疑問文が不可能である。これは、＜平叙文＞

と同様にneyとkwunの＜疑問文＞が中立的ではなく、話し手の判断が真の方に傾いているときに用いられることを示唆している。このような特徴から分かるように、neyとkwunの＜疑問文＞は＜平叙文＞と＜疑問文＞の性質を持ち合わせており、話し手にとって真として判断が決まっている命題内容を述べ立てながら、聞き手に問いかけることによって聞き手に何らかの確認や同意を求めている。このようにneyとkwunの＜疑問文＞の特徴は、「話し手が発話時に知覚した内容について確認や同意を求めている」という点にあると言えるであろう。

(29) (月の光を見ながら)
「달빛이 참 좋네요.」{이름}
「보름이 다 되지 않았니.」

(30) 「부장님은 아이가 몇이세요?」{하늘}
「딸이 둘이지요.」
「아들이 없으시군요?」

例えば、(29)では話し手が発話時に知覚した「月の光がきれいだ」という内容に対して同意を求めている。そして、(30)では「娘が二人だ」という相手の発話に触発され、「息子がいない」という内容を導き、それに対して確認を求めている。以下、このタイプのneyとkwunの＜疑問文＞を**「確認要求的用法」**と呼ぶことにする[5]。このようなneyとkwunの＜疑問文(「確認要求的用法」)＞における、話し手の知覚内容、あるいは知覚内容に触発され、導かれた内容を述べ立てるという特徴は、neyとkwunの＜平叙文＞の特徴と共通している。このような特徴を持つ＜平叙文＞が、話し手と聞き

5) このようなneyとkwunの確認要求的用法については、ciと日本語のネ、ダロウとともに第6章でより詳しく述べる。

手が一緒に知覚をしている、あるいは話し手の不確かな命題に対して知識を持っていると見なされる聞き手が発話現場にいるという語用論的文脈において、「確認要求的用法」に移行したと考えられる。

4.3.1と4.3.2から得られた結果に基づいて、neyとkwunの意味用法の全体像を示すと次の表4.1のようである。4.3.1と4.3.2で確認したように、neyとkwun全ての意味用法は基本的に"話し手が発話時に発話現場で知覚した内容"を前提としていることが分かった。そこで、neyとkwunの共通点は**「現在知覚」**と特徴づけ、第2章でも述べたようにneyとkwunの文を**「知覚表明文」**と規定しても良いように思われる。

平叙文としてのneyとkwun	疑問文としてのneyとkwun
[Ⅰ]写実用法	[Ⅲ]確認要求的用法
[Ⅱ]触発用法	

表4.1. neyとkwunの意味用法

4.4. 「入力情報の処理過程」の観点からのneyとkwunの相違点

前節で見たように、neyとkwunの文は「現在知覚」を表すという点において共通しており、neyとkwunの置き換えができる場合が多い。しかし、両者が常に置き換えができるわけではなく、次のようにneyとkwunの置き換えが不自然な場合もある。以下に示すように、一部の感動詞との共起関係においては対立的な振る舞いを示す。

(31) (ふと、腕時計を見て)

"어어↑[6], 열 시가 넘었{네 ／??구나}[7]. 벌써 이렇게 됐나?" [향기]

(32) (ふと、夜空を見上げて)

“아앗↑! 저기, 달이 떴{네 ／??군}요?”{전우치}

(33) (相手が釣りで2匹を釣り上げたことを見て)

“어머↑, 두 마리나 물었{네 ／??구나}”{섬}

(34) (タヒが付き合っている人は誰なんだろうと気になっているところ、タヒがある男性と仲良く腕を組んで歩いているところを見て)

“오-라↓[8], 이 학생이 바로 다희의 순정이었{??네 ／군}.”{시작}

(35) (夜、暗闇の向こう側から、歩いてきている人を見て、誰だろうと思っていたところ、間近で相手を確認して)

“아ー↓, 선생님이시 {??네 ／군}요?”{통도사}

(31)は「十時が過ぎている」という知覚内容をそのまま述べ立てる＜平叙文＞である((33)も同様に＜平叙文＞である)。そして、(32)は「あそこに月が出ている」という知覚内容に対する＜確認要求的用法＞である。これらの文が「아앗(aas)」、「어어(ee)」、「어머(eme)」という感動詞と共起するとneyは自然であるが、kwunは不自然である。一方、(34)は「タヒがある男性と腕を組んで歩いている」という知覚内容から触発され、導かれた「この学生がタヒの恋人だ」という内容を述べ立てる＜平叙文＞である。そして、

6) 先行研究((36)参照)に従い、「短く、上昇調」で発音される感動詞 のイントネーションを本稿では「↑」で示す。

7) 「어어(ee)」の後続発話が淀みなく連続する場合に限定する((32)の「아앗(aas)」、(33)の「어머(eme)」も同様)。「어어(ee)」の後にポーズ(「……」)が挿入されると、 後続発話 が「어어(ee)」と共起しているか、それともポーズと共起しているかが曖昧である。実際に、「어어(ee)」の後にポーズが入るとkwunが使える場合もあり、この場合は「어어(ee)」ではなくポーズと共起しているとも考えられる。この場合は、ポーズが何らかの処理時間を持つ(つまり、思考過程中を表す)ことを意味し(冨樫2002参照)、引き延ばして発音する「아(a−)」に似ている表現効果(4.4の後半で詳しく述べる)があるからであると思われる。用例の判断には注意が必要である。

8) 先行研究((36)参照)に従い、「引き伸ばして、下降調」で発音される感動詞 のイントネーションを、本稿では「ー」と「↓」で示す。

(35)は「(暗闇の向こうから歩いてきている人は)先生だ」という知覚内容に対する<確認要求的用法>である。これらの文が「오−라(o−la)」、「아−(a−)」という感動詞と共起するとneyは不自然であるが、kwunは自然である。このようにneyとkwunの文に共起するこれらの感動詞について、次のような指摘がある。

(36) 短く、上昇調で発音される「아앗(aas)」、「어어(ee)」、「어머(eme)」という感動詞は、驚き、あるいは戸惑いのニュアンスを表すのに対して(Choi,H.C.2003参照)、引き延ばして、下降調のイントネーションで発音される「오−라(o−la)」、「아−(a−)」という感動詞は、疑問視していたことに対して、やっと納得できたというニュアンスを表す(Oh,S.S.1994参照)。

本稿の考えも、こうした指摘に近いが、前者の感動詞における「驚き・戸惑い」というニュアンスについては少々問題があるように見受けられる。それは、後者の感動詞における「納得」のニュアンスにおいても「驚き・戸惑い」のニュアンスを伴う場合があるからである。例えば、ある事態あるいは情報に対して話し手が「納得」する場合、その納得する内容が話し手が事前に有する前提とずれていることから生じる「驚き・戸惑い(あるいは意外性)」もありうると考えられる((38)で詳細に述べる)。つまり、前者の感動詞は、ある事態あるいは情報に対して、まだ納得していないというニュアンスを表していると説明したほうがより的確な記述であると考えられる(次の「入力情報の処理過程」の説明も参照)。そこで、本稿では、前者の感動詞と後者の感動詞におけるニュアンスの違いについて「納得」の有無を基準にし、前者の感動詞を「非納得」の感動詞とし、後者の感動詞を「納得」の感動詞とする。そうすると、「非納得」の感動詞との共起においてはneyの方が自然であり、「納得」の感動詞との共起においてはkwunの方が自然なのである。

さらに、これらの感動詞については、話し手の「心的情報処理」の観点から分析される場合もあり、記憶のデータベースに入出力、登録、計算、編集などと深く関わっているとされている[9](定延・田窪1995、田窪1995・2005・2010、森山1996、冨樫2002、Oh,S.S.1994、Schffrin,D.1987など参照)。ここでは、次のように「非納得」の感動詞と「納得」の感動詞に当たる日本語の感動詞が、この「心的情報処理」の観点からどのように分析されているかを簡単にまとめ、韓国語の分析に適用してみることにする。

(37) a. 非上昇調で発音される「あっ」、「おっと」などは驚きを表し、上昇調で発音される「あれ」、「おや」などは驚きと同時にいぶかることを表す(日本語文法記述研究会2009:161-162参照、冨樫2005参照)。そして、「なるほど」は何かについて考えて得られた答えに納得したことを表し(日本語文法記述研究会2009:164参照)、「ああ」は引き延ばしをとることで、そうした認識過程に実時間的な処理が行われていることが表されている(森山2004:249参照)。

b. 「あ」は、新情報、新しい事態を受け入れる方向でのもっとも未分化な遭遇反応として使われる(森山1996：56参照)。「あ」「あっ」「はっ」等は自分で発見した情報を新規に登録する際の標識である(田窪・金水1997:268-269参照)。「あー」は思考過程中などの環境に出現し、編集・計算中を表し、「なるほど」は知識変更過程(知識への位置づけ)を表す(森山・長2002:132参照)。

9) 田窪(2005)では、感動詞類について「心的情報処理」の観点から次のように定義している。「定延・田窪(1995)、田窪(1995)では、感動詞類を心的操作に関わる心的モニター標識としてとらえた。これは、言語表現による情報操作を記憶データベースに関する検索、登録、演算に関わる心的操作としてとらえる立場に基づいている。いわば、心的情報処理操作が音声的身振りとして外部に反映したものと見る見方である。(p.18)」

以上の「非納得」、「納得」の感動詞は、このような「心的情報処理」の観点からの分析内容や「知覚表明」のneyとkwunと共起することからも分かるように、情報の入力(新規登録)操作と関わっていると考えられる。さらに、以上のような感動詞とney、kwunとの共起関係から、入力情報を処理するにあたって次のような一定の流れが想定される。

我々が、新しい情報(あるいは、新しい事態)に接した瞬間には、未知の情報をどのように理解して良いか分からないのが普通であろう(以下**「未知情報の遭遇段階」**とする)。次に、未知の情報を理解するために、話し手が持っていた知識(後で入力された知覚内容[10])や個人的な経験、一般的な常識・通念など)の中で、関連性のある情報を探索する段階が想定できる(以下**「関連情報の探索段階」**とする)。その探索の結果、関連性のある知識とリンクされることによって、ようやく未知の情報が納得でき、解決へ向かうであろう(以下**「未知情報と関連情報のリンク段階」**とする)。

このように「入力情報の処理過程」を想定すると、「非納得」の感動詞と共起できるneyは、話し手が知覚した内容に接した瞬間の状態で発話されるので、その知覚内容をどのように理解して良いか分からないという「未知情報の遭遇段階」を表していると言える。そして、「納得」の感動詞と共起できるkwunは、知覚した内容と関連のある知識内容とがリンクされた状態で発話されるので、その知覚内容を納得し、解決に向かっているという「未知情報と関連情報のリンク段階」を表していると言える。以上の内容をまとめると、次のようである[11]。

---

10) 「発話時の知覚内容」は発話時の未知情報にもなりうるが、発話時以前の未知情報の関連情報にもなりうる(詳細は(38")の説明を参照)。

11) 本稿で想定している「入力情報の処理過程」は、従来の指示詞研究で想定している吉本(1992)の「階層的記憶モデル」あるいは金水・田窪(1990)の「談話管理理論」とも共通する部分があるので、ここで吉本(1992)の「階層的記憶モデル」を中心に簡単に確認しておく。そのために、吉本(1992)の分析内容を簡単にまとめている金水・田窪(1992)を挙げる。

入力情報の処理過程	未知情報の遭遇段階 →	関連情報の探索段階 →	未知情報と関連情報のリンク段階
納得のニュアンスの有無	非納得		納得
共起する感動詞	아앗(aas)、어어(ee)、어머(eme)		오-라(o-la)、아-(a-)
共起する終結語尾	ney		kwun

表4.2. 入力情報の処理過程とニュアンス、及び生起する感動詞と終結語尾

以下、この「入力情報の処理過程」の観点による分析を「写実用法」と「触発用法」に適用し、neyとkwunの相違点を確認する(4.5)。そして、neyとkwunが置き換え不可能である現象にも適用し、その妥当性を検討する(4.6)。

「階層的モデル」は「談話記憶」「出来事記憶」「長期記憶」からなり、「長期記憶」には「世界知識」「言語知識」その他が含まれる。計算機やワード・プロセッサとの類比で言うならば、「談話記憶」は入力を一時的にとどめておいて処理が加えられるバッファであり、計算機でいう主記憶にあたる。「出来事記憶」は処理済みデータが中期的に保存される領域であり、ワード・プロセッサの文書を保存するディスク装置にあたる。「長期記憶」は、ワード・プロセッサのプログラムや辞書が入っているシステム・ディスクやROM(read-only memory)などの記憶装置にあたる。キーボード(言語器官)から入力された情報は主記憶(談話記憶)に置かれ、プログラムの指令や辞書の情報(長期記憶)を参照することによって処理され、その結果は文書フロッピー(出来事記憶)に保存される。時には辞書の登録(学習)も行われる、という訳である。(金水・田窪1992:182)」
本稿の内容を以上の吉本(1992)の内容と比べると、「未知情報の遭遇段階」は「談話記憶」にあたり、「関連情報の探索段階」は"「長期記憶」を参照すること"にあたり、「未知情報と関連情報のリンク段階」は「出来事記憶」にあたると考えられる。このように本稿と吉本(1992)は、「日韓の文末形式と感動詞」と「指示詞」といった分析対象は違うものの、その想定には相通じるところがあると考えられる。

4.5.「入力情報の処理過程」の観点からの意味用法の再分析

4.5.1.「写実用法」におけるneyとkwun

(38) (季節外れの雪が降っているのを見て)

「10월에 눈이 내리{네 ／는구나}.」

(38)は「(季節外れの)雪が降っている」という知覚内容をそのまま表す「写実用法」であり、このような「写実用法」においてneyとkwunが双方とも用いられうることは4.3.1.1で確認した。しかし、同じ「写実用法」に使われるとしても、4.4で見たようにneyとkwunから感じられるニュアンスは異なる。(38)は「降っている雪が季節外れである」ため、neyであれ、kwunであれ、基本的に"驚き・戸惑い(あるいは意外性)"のニュアンスが感じられるが、その中でもneyは"非納得"のニュアンスを帯び、kwunは"納得"のニュアンスを帯びる。次のように具体的な文脈を設定して説明してみる。

(38') (出かけようとしてドアを開けた瞬間、季節外れの雪が降っているのを見て)

「10월에 눈이 내리{네 ／??는구나}.」

(38")(「外が暗いのを見てなぜだろう」と思いながら外に出たら、季節外れの雪が降っているのを見て)

「10월에 눈이 내리{??네 ／는구나}.」

(38')のように、非納得の感動詞が共起できる文は、突発的に、瞬間的に知覚内容に遭遇したという文脈(波線参照)が明示的に示されるとneyの方が自然であり、(38")のように、納得の感動詞が共起できる文は、一定の時間をかけて疑問視していた内容について考え、理解できたという文脈(波線参照)が明示的に示されるとkwunの方が自然である。このような文脈が明示的に示されない、つまりどちらの文脈とも解釈できる(38)のような場合はneyとkwunの置き換えが可能である。

一方、このような「写実用法」におけるneyとkwunの使用を「入力情報の処理過程」の観点から捉え直す際、kwunの使用に関しては説明が必要である。「写実用法」は話し手が"発話時に発話現場で知覚した内容をそのまま表している"用法であるので、「入力情報の処理過程」の観点からすると、その状況は知覚内容(未知情報)に遭遇した段階に当てはまる。そこで、「未知情報の遭遇段階」を表すneyの使用は自然である。しかし、未知情報と関連情報のリンク段階を表すkwunが「写実用法」に使われるときは、事情が異なる。この場合は、発話時以前の知覚内容が未知情報となり、発話時の知覚内容はその発話時以前の知覚内容(未知情報)の関連情報になると考えられる。例えば、(38")において、発話時以前における「外が暗い」という知覚内容が未知情報となり、その未知情報を理解するために関連情報を探索している途中、発話時における「(季節外れの)雪が降っている」という知覚内容、つまり関連情報とリンクでき、発話時以前の未知情報が納得できたということを表すと考えられる。

4.5.2. 「触発用法」におけるneyとkwun

(39) (母親が帰ってきたとき、玄関先に息子(チョルス)の靴があるのを見て)((8)再掲)

철수 왔{네 ／구나}.

(40) (灯が点いていない部屋から音楽の音が聞こえて)((17)再掲、一部改変)

「그냥 잠들었{네 ／구나}[12].」

「触発用法」は、話し手が“発話時に発話現場で知覚した内容に触発され、導いた内容を表している”用法である。　例えば、(39)では「玄関先に息子(チョルス)の靴がある」のを見て、「息子(チョルス)が帰って来た」と推論している。(40)では「夜、灯がついていない部屋から音楽の音」を聞いて、「音楽を消さずに、そのまま寝ている」と推論している。4.3.1.2で確認したように「触発用法(推論)」においてneyとkwunは双方とも用いられうる。このような「触発用法」におけるneyとkwunの使用を「入力情報の処理過程」の観点から捉え直す際、neyの使用に関しては説明が必要である。

話し手が知覚した内容に基づいて推論したというのは、未知の知覚情報に遭遇して関連情報として推論内容にリンクできたということを意味する。そこで、「入力情報の処理過程」の観点からすると、その状況は「未知情報と関連情報のリンク段階」に当てはまり、その段階を表すkwunの使用は自然である。しかし、関連情報とのリンクを想定せず「未知情報に遭遇した段階」のみを表すneyは「触発用法」に使いにくいはずであるが、使用可能なのはなぜであろうか。

説明のために、(39)と(40)の文脈を次のようにより具体的に設定してみる。

(39) の文脈－(i)「いつものように同じ時間に玄関先に息子の靴がある」
(ii)「この時間に家に誰もいるはずがないのに、誰かの靴が玄関先にあり、誰のものだろうと思っていたら息子の靴であることに気付く」
(40) の文脈－(i)「親が何回も注意したが、今日も息子が音楽を消さずに寝ている」
(ii)「この時間に寝ているはずがない息子の部屋に灯りがついていな

12) 原文はkwunである。

いのを見て、どうしたのだろうと思ったら、今日試験があり昨夜あまり寝ていないことに気付く」

そうすると、(39)と(40)(ⅰ)の文脈ではneyとkwunが双方とも自然であり、(39)と(40)(ⅱ)の文脈ではkwunのみが自然である。このような文脈が明示的に示されないとneyとkwunは基本的に置き換えることができる。

このように設定された両者の文脈でkwunが用いられるのは、上で説明したように両者の文脈とも基本的に「触発用法」にあてはまる状況であるからである。一方、(ⅰ)の文脈でneyも使える理由と(ⅱ)の文脈でkwunしか使えない理由については、説明が必要であり、この問題は「知覚内容」と「触発される内容」との関連度に注目して次のように説明できると考える。上の文脈から分かるように、「知覚内容」と「触発される内容」の関係は、(ⅰ)の場合は日常的で一般的な関係、つまり両者が緊密な関連性を持つ場合であり、(ⅱ)の場合は一回的で個別的な関係、つまり両者が緊密な関連性を持たない場合であると言える。このような「知覚内容」と「触発される内容」の関連度の違いは、未知情報(知覚内容)を関連情報(触発される内容)にリンクするに当たって、情報を処理する負荷量に影響を与えると考えられる。例えば、(ⅰ)の文脈のように、「知覚内容」と「触発される内容」が緊密な関連性を持つ場合は、両者をリンクさせるのは負荷量の少ない簡単なことであり、「未知情報の遭遇段階」でも十分できることである。そこで、(ⅰ)の文脈ではneyも使えるのである。一方、(ⅱ)の文脈のように「知覚内容」と「触発される内容」が緊密な関連性を持たない場合は、両者をリンクさせるのは簡単なことではなく、両者の関連性を十分検討した結果(つまり、「関連情報の探索段階」を経た結果)、可能なことであり、「未知情報と関連情報のリンク段階」でしかできないことである。そこで(ⅱ)の文脈ではkwunしか使えないのである。

このような分析は、次の(41)のような現象の説明にも適用できると考えられる。次の(41)は、先行研究においてkwunのみが「推論」を表せると指摘した際、挙げられた例である。本稿では、neyも「推論」を表すことができると述べたが、確かに(41)のような例ではneyの使用が不自然である。このような現象も、上で述べた「知覚内容」と「触発される内容」の関連度と関わっている。「相手の顔がチョルスに似ている」という「知覚内容」に触発されること(そして「相手がチョルスの弟である」ことが推論されること)は、一回行われれば終わることであって、繰り返して、つまり日常的で一般的に行われることではないから、neyは不自然になると考えられる。

(41) (面識はないがチョルスに弟がいることは知っており、発話時の話し相手がチョルスにそっくりであることを見て)
네가 철수 동생이{*네 ／구나}. ((4)再掲)

以上は「触発用法」の「推論」を表す場合であるが、「触発用法」の「再解釈」を表す場合にも似た現象が見られる。例えば、(42)と(43)は双方とも「再解釈」の意味を表す場合であるが、(42)ではneyとkwunを置き換えても自然であるが、(43)では置き換えると不自然である。

(42) (衣替えの時期に、去年着ていた子どもの服がもう合わないことを見ての母親の発話)
「애들 크는 건 정말 금방이{네 ／군}[13]. 어느새 이게 못 입게 됐으니.」((20)再掲)

13) 原文ではneyである。

(43) (お父さんが眠れないことを心配していたところ)

"…… 방에…… 방에…… 습기가 아주 많구나. …… 서리같이 내린다."

"그래서 잠을 못 주무시{??네／는군}요, 아버지?"[우화]

(42)では話し手が発話時に知覚した「子どもに服が合わなくなった」ことを「子どもの育ちは早い」と言い換えている。そして、(43)では「部屋に湿気がとても多い」という相手の発話を受けて「だから(お父さんが)眠れない」と言い換えている。このように話し手の知覚した内容を改めて解釈している点においては同じであっても、(42)ではneyとkwun双方とも自然であるが、(43)ではkwunのみが自然である。「推論」の場合と同様に、話し手が知覚した内容を受けて再解釈したというのは、言い換えれば、知覚内容の未知情報に遭遇してそれを理解するために関連情報として再解釈内容を探索してリンクできたということである。そこで、「入力情報の処理過程」の観点からすると、その状況は「未知情報と関連情報のリンク段階」に当てはまり、その段階を表すkwunの使用は自然である((42)と(43)のkwunの使用)。しかし、関連情報とのリンクを想定しないneyの使用に関しては説明が必要である。

これも、(42)と(43)における「知覚内容」と「触発される内容(再解釈内容)」の関連度が関わっている。(42)における「子どもに服が合わなくなった」という「知覚内容」と「子どもの育ちは早い」という「再解釈内容」の関係は、緊密な関連性を持つ場合(よくある日常的で一般的な関係)、(43)における「部屋に湿気がとても多い」という「知覚内容」と「だから(お父さんが)眠れない」という「再解釈内容」の関係は、発話時における緊密な関連性を持たない場合(一回的で個別的な関係)であると言える。(42)のように「知覚内容」と「再解釈内容」が緊密な関連性を持つ場合は両者をリンクさせるのは負荷量の少ない簡単なことであり、「未知情報の遭遇段階」でも十分できることであるので、neyも自然である。一方、(43)のように「知覚内容」と「再解釈内容」が緊密な関連性を持たない場合は両者をリンクさせるのは、両者の関連性を十分検討した後可能なことであり、「未知情報と関連情報のリンク段階」でしかできないことであるので、kwunのみが自然である。

4.6. 「入力情報の処理過程」の観点から分析する特殊な場合

本節では、4.1「はじめに」で例を挙げたneyとkwunの置き換えが不自然な場合のうち、特殊な振る舞いを示す「相手の発話の繰り返し」の場合(用例(5))と「過去知覚」を表すteとの承接する場合(用例(6))について述べる。

4.6.1. 「相手の発話の繰り返し」の場合

次の(44)のように、相手の発話をそのまま繰り返して発話する場合は一見「写実用法」のように見えるにも関わらず、4.5.1で確認した結果とは違って、neyは不自然でkwunは自然である。このような「相手の発話の繰り返し」の場合、なぜそのような現象が起こるのであろうか。

(44) A : 그 약을 먹으면 상당히 목이 아파. ((5)再掲)
　　B : (相手の発話を受けて、そのまま繰り返して言う)
　　　목이 아프{*<u>네</u>／<u>구나</u>}.

(44)では「その薬を飲むと相当喉が痛い」という相手の発話を聞いて、そのまま繰り返して発話している。このように相手の発話の言語的な情報が実在の具体的な事態を伴っていない場合は、その言語的な情報を解読する(つまり、言語的記号を心的表象(概念)に変換する)ために、話し手が持っている知識の中にある関連情報(つまり、言語記号と対応する心的表象(概念))とリンクさせるのは、「未知情報の遭遇段階」でできることではなく「未知情報と関連情報のリンク段階」でできることであると考えられる。そこで、(44)のような「相手の発話の繰り返し」の場合はneyが使えず、kwunのみが使えるのである。このような「相手の発話の繰り返し」の場合は、実在の具体的な事態を伴っていない(写実する対象が存しない)という点と相手の発話に触発され、それに対応する心的表象(概念)が導かれるという点を考慮すると、「写実用法」よりは「触発用法」に分析したほうが良いように考えられる。

4.6.2. 「過去知覚」を表すteとの承接関係

次は、いわゆる「過去知覚」を表す語尾teとの承接関係について考える。次のように「過去知覚」を表す語尾teとの共起においてneyは不可能であるが、kwunは可能である。

(45) 어느 날 밤 술에 취해 그 친구의 집을 찾아 갔더니 {지우기}
책상 위에는 조그만 약병 하나가 놓여 있더{군／*네}요.

ここで、「過去知覚」語尾teの意味特徴について簡単に確認しておく。まず、teは次のように文の内容によって自然さが異なる。

(46) (聞き手はチョルスではない第三者)
어제 보니까 철수가 감기에 걸렸{더라／*네／*구나}.

(47) (聞き手はチョルスではない第三者)

*본 적은 없지만 철수가 감기에 걸렸더라.

(48) (チョルスのくしゃみを聞いて)

이제 보니까 철수 너 감기에 걸렸{*더라／네／구나}.

文の内容が(46)のように話し手が直接知覚した場合(下線)はteは自然であるが、(47)のように話し手が直接知覚していない場合(下線)はteは不自然である。このことから、teは「話し手が直接知覚した内容」を表すことが分かる。そして、(48)のように文の内容が発話時に知覚した場合(下線)はteが不自然であることから分かるように、その知覚の時点は過去である[14)]。そこで、先行研究でも述べているように、teは「話し手が過去に知覚した内容(以下「過去知覚」とする)」を表すと言える[15)]。ここで、話し手が過去に知覚した内容は、当然ながら発話時点においては既に知識として定着している内容であるという点を強調しておく。

そして、このような「過去知覚」を表すteは、ney、kwunと対立的な振る舞いを示す。例えば、(46)のように文の内容が「話し手が過去に知覚した内容」である場合は、teの方が自然であるが、(48)のように文の内容が「話し手が現在に知覚した内容」である場合はneyとkwunの方が自然である。つまり、teとney、kwunは「過去知覚」を表すか、それとも「現在知覚」を表すかによって対立しているのである。このような結果に基づくと、「過去知覚」のteと「現在知覚」のney、kwunは意味上相いれない関係となるので、承

14) 「知覚時点が過去である」ということは文が表す出来事の時点ではないという点に注意する必要がある。例えば、次の(ⅰ)のように命題内容の出来事時点は未来(下線)であっても、その内容を過去に知覚した時点が過去(波線)であると、teは使えるのである。
(ⅰ) 어제 뉴스 보니까, 내일부터 버스 요금이 오르더라.

15) 詳細は、Han,T.W.(1996)、Jang,K.H.(1985)、Song,J.M.(1998)、Lee,H.S.(1995)、Park,J.Y.(2006)などを参照。

接が不可能なはずである。(45)で見たように、teとneyの場合は予想とおり承接が不可能であり問題がない。しかし、teとkwunの場合は予想と違って承接が可能であり説明が必要である。

この問題においては、まず次のようにteとkwunの承接した文におけるkwunの意味変容に注目する必要がある。例えば、次の(49)のteとkwunの承接した文において、「昨日見たら」という表現と共起できることから分かるようにteは「過去知覚」の意味はそのまま残っているが、「今見たら」という表現と共起できないことから分かるようにkwunの「現在知覚」の意味はなくなっている[16]。

(49) {어제 보니까 ／ *이제 보니까(発話時に発話現場で机の上の薬瓶を見ながら)}
책상 위에는 조그만 약병 하나가 놓여 있더군요.

このようなteとkwunの承接した文におけるkwunの意味変容を言語事実として認めて、kwunが「現在知覚」の意味が希薄化されることによって「過去知覚」のteと承接できるとしたら、neyも同様に「現在知覚」の意味が希薄化されることによって承接できないのか、という新たな疑問が生じる。これについては、「入力情報の処理過程」の観点から次のように考える。4.4.1と4.4.2で見たように、neyは話し手が現在知覚した内容に接した瞬間を表す「未知情報の遭遇段階」で用いられる形式であり、kwunは話し手が現在知覚した内容を理解するために、関連のある知識内容とリンクできたことを表す「未知情報と関連情報のリンク段階」で用いられる形式である。このようなneyとkwunにおける「現在知覚」の意味が希薄になるとどうなるであろうか。

16) このようなteとkwunの承接した文におけるkwunの意味変容は、なぜ起こるのかという根本的な問題に関する回答は、現段階では用意されていない。今後の課題とする。

neyにおいては「現在知覚」の意味が希薄化されると残る意味がないのに対して、kwunにおいては「現在知覚」の意味が希薄化されても、関連情報(つまり、知識内容)とリンクするという意味が残る。そこで、「過去知覚」つまり、知識内容を表すteとの承接において、neyは可能性がないが、kwunは可能性があると考えられる。

4.7. 終わりに

本稿の第2章では、日韓の＜平叙文＞の文末形式は、「知覚表明」対「知識表明」といった意味的対立に基づいて、密接に対応していることを確認した。ところが、韓国語の場合は、「知覚表明」を表す形式としてneyとkwunという二つの形式を有しているため、その違いは何であるかについて説明する必要が生じた。

そこで、本章では、現代韓国語のhay(yo)体のneyとkwunを取り上げ、意味用法の全体像を概観したうえで、その共通点と相違点について次のような点を述べた。

(50) 本章のまとめ

① 話し手と聞き手の間での情報のやりとりに関係する「文の類型」の観点から、「＜平叙文＞としてのneyとkwun」と「＜疑問文(確認要求的用法)＞としてのneyとkwun」に分けられ、前者はまた「写実用法」と「触発用法」とに分類できる。

② neyとkwunの意味用法は基本的に「話し手が発話時に発話現場で知覚した内容(現在知覚)」を前提としており、この「現在知覚」という意味をneyとkwunの共通点と規定できる。

③ neyとkwunは「非納得」の感動詞と「納得」の感動詞との共起において、対立的な振る舞いを示し、これらの感動詞との共起現象に基づくと一定の「入力情報の処理過程」(「未知情報の遭遇段階」→「関連情報の探索段階」→「未知情報と関連情報のリンク段階」)が想定できる。

④「入力情報の処理過程」の観点から言うと、neyは「未知情報の遭遇段階」で用いられる形式であり、kwunは「未知情報と関連情報のリンク段階」で用いられる形式であるという点においてneyとkwunは異なると言える。

本章では、このように現代韓国語のhay(yo)体のneyとkwunの共通点と相違点について検討した。次章では、韓国語におけるこのような違いを、日本語ではどのように表現できるかについて検討することにする。

平叙文の文末形式に関する日韓対照研究

―エヴィデンシャルティと意味論・語用論の観点から―

第5章

日本語と韓国語の知覚表明文

－非ノダ/ノダとney/kwunを中心に－

5.1. はじめに

第4章において"話し手が発話時に発話現場で知覚した内容を表す"、つまり、「知覚表明」を表す場合、韓国語では次のように終結語尾neyとkwunが用いられうることを述べた。

(1) (話し手が雨が降っているのを見て)
비가 오네.

(2) ((1)と同じ状況で)
비가 오<u>는구나</u>.

そして、第4章で、neyとkwunは「知覚表明」を表す点においては共通しているものの、「入力情報の処理過程」の観点から「未知情報の遭遇段階」を表すか、それとも「未知情報と関連情報のリンク段階」を表すかという点においては異なるという相違点についても述べた。韓国語におけるこのような違いは、日本語ではどのように表現できるであろうか。

まず、同じ状況を表す「知覚表明」の日本語の文末形式には、基本的に次のように「確言形(つまり、断定形)」があることを第2章で確認した。

(3) ((1)と同じ状況で)

あ、雨が降っている。(野田1997:81)

また、日本語では「確言形」以外に、次のようにノダを用いても「知識表明」を表現することができる。

(4) ((1)と同じ状況で)

あ、雨が降っているんだ。(野田1997:81)

つまり、日本語において、このような"話し手が発話時に発話現場で知覚した内容を表す"という状況で用いられうる、「確言形(以下非ノダとする)」と「ノダ」は、基本的に置き換えることができる類義関係にあるのである[1)]。このような文において、一般に、非ノダは「眼前描写文」、そしてノダは「発見のノダ」であるとされる[2)]。本稿も、従来の研究と同様の考えであるが、

1) 「非ノダ」と「ノダ」は、もちろん"話し手が発話時に発話現場で知覚した内容を表す"という状況以外でも用いられうるが、本稿では、"話し手が発話時に発話現場で知覚した内容を表す"という状況を表す「非ノダ」と「ノダ」に限定して考察する。以下、特記しない限り、「非ノダ」と「ノダ」は"話し手が発話時に発話現場で知覚した内容を表す"ものである。

2) 「眼前描写文」については、三尾(1948)、丹羽(1988)、田野村(1990a)、仁田(1991、2000)などを参照。そして、「発見のノダ」については、田野村(1990b)、野田(1997)、

次のような点を考慮して用語を修正したいと思う。

従来の研究で言うところの「眼前描写」あるいは「発見」という表現は、視覚的に捉えるという意味に限定されやすい。しかし、次のような例を見ると分かるように、日本語の非ノダとノダは、韓国語のneyとkwunと同様に、視覚以外の嗅覚((5))、味覚((7))、聴覚((6)、(8);「相手の発話」も聴覚の一種と見なす)などの感覚も表すことができるので、全ての感覚を含むという意味から「知覚表明」と改め、neyとkwunの文と同様に、非ノダとノダの文を「知覚表明文」と呼ぶことにする[3)]。

(5) (コンサート場に行って、公演を見た後、自分の服からする匂いを嗅いで)
「身体から、いろんな人の汗のにおいがしてる」[蹴]

(6) 「伊達が勝ったって」
「へーえ、伊達が勝ったんだ」(野田1997:88)

(7) (辛子を食べて涙を流しながら)
「겨자가 생각보다 맵네…….」[펭귄]

(8) A : 그 약을 먹으면 상당히 목이 아파. (Jang,K.H.1985:103)
B : (相手の発話を受けて、そのまま繰り返して言う)
목이 아프구나.

このような日本語の非ノダとノダは基本的に「知覚表明」を表しうるという点においては共通している。しかし、両形式の文から感じられるニュアンスは異なり、その意味用法は全く同じなわけではない。この非ノダとノダの相違

庵他(2000)、名嶋(2007)などを参照。

3) 非ノダにおける「眼前描写文」という用語の問題については2.3.3でも述べたことがあるが、ノダにおける「発見」という用語の問題についても同じことが言える。

点について、先行研究において様々な議論がなされてきたが、まだ明らかにするべき点が残されていると思われる。さらに、管見の限りでは「知覚表明」に関する日韓の対照研究はまだ存在しない。そこで、本章では「知覚表明」を表す日本語の非ノダ／ノダと韓国語のney／kwunを対象にし[4)]、意味用法を比較しつつ、対応関係を考える。そして、第4章での韓国語のneyとkwunの相違点の分析結果を踏まえて、日本語の非ノダとノダの相違点の分析を試みたいと思う。

5.2. 先行研究と問題のありか

韓国語の場合については、4.2でneyとkwunの相違点に関する代表的な分析(「推論」用法の有無によるPark,J.Y.(1999、2006)の分析と「叙述視点」の違いによるShin,S.K.(2001)の分析)を詳しく述べたので、本章では割愛することにする。以下、日本語の場合を中心に述べる。

「知覚表明」を表す非ノダとノダの相違点について論じている先行研究のうち、代表的な野田(1997)と名嶋(2007)を検討する。

まず、野田(1997)は、(3)、(4)を挙げ、(3)の非ノダは「「雨が降っている」という眼前の事態をそのまま述べている(p.81)」が、(4)のノダでは「気づ

4) 「知覚表明」を表す形式としては、発話時の出来事であるにも関わらず、過去形を使って表現する場合もある。そして、韓国語でも同じ現象が見られる。例えば、話し手がバス停でバスを待っている際、バスが来ると次のように表現できる。

(ⅰ) a.バスが来た(寺村1984)

b.버스가 왔다.(引用者訳)

このような過去形の用法については、「(過去の)期待の実現(寺村1984)」などのようなテンス・アスペクトの観点からいろいろ論じられている。「知覚表明」を表す形式として、このような過去形まで含めて議論すべきであるが、本稿ではテンスの意味機能とは異なる「命題めあて的」な意味機能、つまり話し手の認識を表すという文末形式に限定して考察することにする。

く前からすでに「雨が降っている」という事態が存在していたと話し手が捉えていることが示される(p.81)」と述べている。そして、「知覚表明」を表すノダを「話し手が、それまで認識していなかった事態Qを発話時において把握したことを示す(p.80)」ものであり、「Qが既定の事態であるということを話し手が特に意識しているときに用いられやすい」と説明している。つまり「既定」という概念を基準にして既定事態として把握されるか、それとも既定事態として把握されないかによって、非ノダとノダの使用が決まるということである。

しかし、名嶋(2007:118)でも指摘しているように、野日(1997)の分析には「知覚表明」を表すノダを特徴づけている「既定」という基準が明確に示されていないという問題点がある。例えば、どのような基準で(4)のノダ文は「既定事態」として捉えることができ、(3)の非ノダ文は「既定事態」として捉えることができないのかが、不明である。

次に、名嶋(2007)は、次のように「知覚表明」を表すノダを(9)のような「話し手の事態認識(思考)」を提示する場合と、(10)のような「他者の先行発話や思考の解釈」を提示する場合とに分け[5)]、「知覚表明」のノダの機能を(11)のように定義している。

(9) あ、<u>あった</u>。こんなところにあった<u>んだ</u>。(名嶋2007:110)

(10) (「メールが文字化けしていた」という聞き手の報告に対して)
相手もhotmailじゃないと駄目な<u>んだ</u>。(名嶋2007:110)
P:自分が送ったメールが文字化けしていたという事実の知覚
C:文字化けについての知識と相手のメールソフトに関する知識

5) 本章で行う分類から言うと、「話し手の事態認識(思考)」は“話し手が発話時に発話現場で知覚した内容をそのまま表す”「写実用法」に当たり、「他者の先行発話や思考の解釈」は“話し手が発話時に発話現場で知覚した内容から触発され、導かれた内容を表す”「触発用法」に当たる。詳細は5.3で述べる。

Q：相手も自分と同じhotmailじゃないと駄目だという「解釈」

(11) 「発見のノダ(本稿での「知覚表明」を表すノダ:引用者注)」は知覚した「ある状況や発話」と「話し手が活性化させた文脈」とを関連づけることによって導き出された「事態認識」や「他者の先行発話や思考の解釈」を、「聞き手側から見た解釈として」「意図的に、かつ、意図明示的に」「客体化された話し手に対して」提示する。(名嶋2007:pp.117-118)

名嶋(2007)では、主に「話し手の事態認識(思考)」を提示する場合に限って、非ノダとの違いを述べている。その違いについて、非ノダは「描写的用法」であり、ノダは「解釈的用法」であるとし、「前者は「知覚した事態」、後者は「知覚した事態に関する誰か(つまり話し手)の思考の解釈」という異なる性格の表示対象を提示する(名嶋2007:109)」と説明している。つまり、ノダと非ノダの使用は知覚内容に対して「話し手の解釈」が行われているかどうかによって決まるということである。

しかし、野田(1997)では「既定」という基準が明確ではないという問題点があるように、名嶋(2007)でも「解釈」が行われているかどうかという判断がどのような基準でできるかが不明である。例えば、何を基準にして、(9)の非ノダ文の「あった」は「話し手の解釈」が行われていなくて、(9)のノダ文の「あったんだ」は「話し手の解釈」が行なわれているかについて、具体的な説明がない。もう一つの問題点は「関連づけ」られる内容に関する点である。(11)で定義しているように、「発見のノダ」は「話し手が活性化させた文脈」との関連づけによって導き出された解釈であるとしている。しかし、「他者の先行発話や思考の解釈」の場合においては関連づけられる「話し手が活性化した文脈」については指摘があるが(例えば、(10)においてPが「知覚内容」、Cが関連づけられる「話し手が活性化した文脈」、Qが「解釈」)、「話し手の事態認識(思考)」の場合においては関連づけられる「話し手が活性化した文脈」については指摘がない[6)]。

以上で見たように、非ノダとノダの相違点を「既定」、あるいは「解釈」という観点では説明するのは問題があるように見受けられる。非ノダとノダの相違点を的確に記述するためにはこれらに代わる別の観点が必要であると思われる。

そこで、本章では、非ノダとノダの相違点を明らかにするために、感動詞との共起関係の違いから想定できる話し手の「入力情報の処理過程」に基づいて、韓国語のney、kwunの振る舞いと比較しつつ、その相違点の分析を試みる。

5.3. 日本語の非ノダ／ノダの意味用法
–韓国語のney／kwunとの比較を通じて

本節では、第4章で述べた韓国語のney、kwunと比較しながら、日本語の非ノダとノダの意味用法や置き換えの可否を記述する。そして、その結果に基づいて、日韓の対応関係を考えることにする。

まず、韓国語のneyとkwunの意味用法については、第4章で詳細に述べたので、ここではその内容を簡単に概観する。そして、日韓の対応関係を検討するために、韓国語のneyとkwunの例とそれに対応する日本語訳を挙げることにする(日韓の対応関係に関する分析は本節の後半で述べる)。韓国語のneyとkwunには共通して"話し手が発話時に発話現場で知覚した内容をそのまま表す"「写実用法」((12)視覚、(13)聴覚)と"話し手が

6) 名嶋(2007)と同様に、本稿でも「発見のノダ(本稿での「知覚表明」)」の「話し手の事態認識(思考)(本稿での「写実用法」)にも知覚内容との関連情報が存在すると考える。この問題点の説明については5.5.1で述べる。

発話時に発話現場で知覚した内容から触発され、導かれた内容を表す”「触発用法」((14)「推論」、(15)「再解釈」、(16)「気づき」)がある。

(12) (雪が降っているのを見て)

a.「눈이 내리네.」[7] {우화}

b. 雪が降っている{ø／んだ}。

(13) (相手の家の中を見回して)

a.「집이 무척 조용하군요.」{오후}

b. 家がとても静か{です／なんです}ね。

(14) (母親が帰ってきたとき、玄関先の息子(チョルス)の靴があることを見て)

a. 철수 왔네.

b. チョルス、帰った{ø／んだ}ね。

(15) a.「도대체 혜정이 그애 결혼식 날짜는 언제야?」{숨은}

「오는 토요일이래요.」

「오는 토요일이라면 이제 사흘밖에 안 남았군.」

b. 今度の土曜日なら、もう三日しか残っていない{ø／んだ}ね。

(16) a.「저는 간밤에 거의 잠을 자지 못했거든요.

「어머! 왜 그러셨어요? 그러고 보니 안색이 별로 좋지가 않군요.」{경마}

b. あら、そうでしたか?　そういえば、顔色があまりよくない{です／んです}ね。

---

7) 言語資料は最後の頁を参照されたい。用例に出典がないのは作例である。そして、用例にa(日本語の例)とb(韓国語の例)となっているのは、日本語原作に対する韓国語翻訳本の用例であり(その際、韓国語に対する日本語訳は省略する)、a(韓国語の例)とb(日本語の例)となっているのは、韓国語原作に対する引用者の日本語訳の用例である。

上で見たように「写実用法」と「触発用法」において、neyとkwunは双方とも用いられうる。そして、特定の文脈が示されない限りneyとkwunは基本的に置き換えることができる((12)～(16))。

次は、日本語の非ノダとノダの意味用法について検討する。用例を観察すると、韓国語のneyとkwunと同様に、非ノダとノダにも共通して「写実用法」と「触発用法」が見られる。日韓の対応関係を検討するために、日本語の非ノダとノダの例とそれに対応する韓国語訳を挙げることにする(日韓の対応関係に関する分析は本節の後半で述べる)。次の(19)の非ノダと(20)のノダは、話し手が発話時に視覚で捉えた内容をそのまま表している「写実用法」である

(19) a. ふと洗濯物の襞をめくってみると、外から、夕陽の黄色い光の筋が部屋に差し込んだ。

「夕暮れが始まってる。分かんなかった……。」{蹴}

b. …略…“해가 지기 시작하{네 ／는구나}[8]. …略…” {발}

(20) (チケットに書いてある値段を見て)

a. 「このチケット、3500円もするんだ！」{蹴}

b. “이 티켓 3500엔이나 하{네／는구나}![9] ”{발}

そして、次の例のように、非ノダとノダは「触発用法」を表すこともできる。例えば、(21)は話し手がコンサート場に着いて「できている長い列」を見て、「コンサートがまだ始まっていない」と推論しており、(22)は話し手が「話の途中で、泣きそうになっている相手の表情」を見て、「また何か思い出した」と言い換えている。

---

8) 韓国語の翻訳本ではneyで訳されていた。

9) 韓国語の翻訳本ではneyで訳されていた。

(21) (コンサート場に着いて)

a. 近づくと建物入口のスロープには既に人がごった返していて、いくつもの長い列ができていた。

「…略…まだ開演してない。並ぼう。」{蹴}

b. "다행이다. 아직 시작 안 했{네 ／구나}[10). …略…"{발}

(22) (迷子にしている自分の子との思い出を相手と話し合っている)

a. それらが懐かしく、また切なく、涙がこみ上げてきた。{頬}

「どうしたの」緒方が尋ねる。「また何か思い出したんだね」

b."또 뭔가 생각이 떠올랐{네 ／군}[11) 요?" {볼}

以上のように、日本語の非ノダとノダは双方とも「写実用法」と「触発用法」を有している。そして、特定の文脈が示されない限り非ノダとノダは基本的に置き換えることができる((19)～(22))。

しかし、非ノダとノダの置き換えができるとしても感じられるニュアンスはやはり異なる。さらに、次のように置き換えができない場合もある。(23)は「伊達が勝った」という相手の発話をそのまま繰り返す場合であり、(24)は話し手が「あの人が私の脚を見て、速く走れそうだね、って言った」という相手発話を聞いて、話し手が知っていた相手に関する「あなたは陸上部に所属している」という情報に気づいて、発話している「触発用法」であるが、この場合は非ノダとノダの置き換えが不可能である。

(23) a.「伊達が勝ったって」

10) 韓国語の翻訳本では 中立的なeで訳されていたが、neyとkwunに訳しても問題ないので、ここではneyとkwunの用例として用いる(中立的なeはney、kwunの置き換えが可能であるという点については第２章を参照)。

11) 韓国語の翻訳本ではkwunで訳されていた。

「へーえ、伊達が勝った{??ø／んだ}」(野田1997:88)

b. "아, 다테가 이겼{??네／구나}."

(24) a. 「あと、あの人、私の脚を見て、速く走れそうだね、って言った。」

「ああ、だから陸上部{??だ／なんだ}。」{蹴}

b. "아, 그래서 육상부에 들었{??네 ／구나}." {발}

上で「知覚表明」を表す形式としての、韓国語のney／kwunと日本語の非ノダ／ノダの意味用法とそれらの置き換えの可否について述べた。その結果、両言語において、「知覚表明」の形式が少なくとも2つあり、各形式が「写実用法」と「触発用法」双方とも表すことができることを確認した。特に、各言語の両形式は、「写実用法」であれ、「触発用法」であれ、特定の文脈が示されない限り、基本的に置き換えができることも確認した。つまり、「知覚表明」を表すにあたって、韓国語の場合は、基本的にneyとkwunの置き換えが可能であり((12)～(16))、日本語の場合は基本的に非ノダとノダの置き換えが可能である((19)～(22))。

このような関係から分かるように、韓国語のneyとkwunのそれぞれに日本語の非ノダとノダが双方とも対応可能であり、逆に日本語の非ノダとノダのそれぞれに韓国語のneyとkwunが双方とも対応可能であると考えられる。実際に、韓国語の(12)、(14)のneyと(13)、(15)、(16)のkwunには日本語の非ノダとノダが双方とも対応可能である。そして、日本語の(19)、(21)の非ノダと(20)、(22)のノダには韓国語のneyとkwunが双方とも対応可能である。しかし、このように各言語の両形式が置き換えることができるとしても、やはり異なるニュアンスが感じられるという点において共通している。

このような意味用法、置き換えの可否、対応関係などを見ると、韓国語のney／kwunと日本語の非ノダ／ノダは並行しているところが多いと考えられる。

次節では、各言語の両形式におけるニュアンスの違いについて分析し、日韓の対応関係を再確認する。

5.4. 「入力情報の処理過程」の観点からの非ノダとノダの相違点 －ney／kwunと比較して

4.4で、「아앗(aas)」、「어머(eme)」、「오-라(o-la)」などの感動詞との共起関係に注目し、韓国語のneyとkwunの相違点を分析した(詳細は4.4を参照)。興味深いことに、日本語の非ノダ／ノダと感動詞との共起関係においても韓国語の場合と似ているような言語現象が見られる。

次の非ノダとノダの文は、「知覚表明」を表す点において共通している。しかし、次のような感動詞との共起関係においては、対立的な振る舞いを示す。

(25) 「おや↑[12]、あそこに犬小屋がある{ø／??んだ}[13]」[パン]

(26) 「あっ→[14]! ゴキブリが死んでる{ø／??んだ}」(野田1997:81)

12) 先行研究((30)参照)に従い、「上昇調」で発音される感動詞　のイントネーションを、本稿では「↑」で示す。

13) (25)～(27)は、「おや」　、「あっ」、「あれ」の後続発話が淀みなく連続する場合に限定する。それは、「あっ」などの後にポーズ(「……」)が挿入されると、後続発話が「あっ」などと共起しているか、それともポーズと共起しているかが曖昧であるからである。実際に、「あっ」などの後にポーズが入るとノダが使える場合もあり、この場合は「あっ」などではなくポーズと共起しているとも考えられる。この場合は、ポーズが何らかの処理時間を持つ(つまり、思考過程中を表す)ことを意味し(冨樫2002参照)、引き延ばして発音する「あー」に似ている表現効果があるからであると思われる。用例の判断には注意が必要である。これは韓国語における感動詞「어어(ee)」、「아앗(aas)」、「어머(eme)」との共起現象においても同じようなことを触れた(4.4の注7)を参照)。

14) 先行研究((30)参照)に従い、「非上昇調」で発音される感動詞のイントネーションを、

(27) (待ち合わせ場所に着いて)

「あれ↑、こず恵がいない{ø／??んだ}」{いいじゃない}

「ちょっと〜、私はここよ！」

(28) (茶の葉の新芽の天ぷらを食べた後){食遺産}

なるほど、茶は飲むものだけではなく食べるものでもある{??ø／のだ}な…略…

(29) 「あと、あの人、私の脚を見て、速く走れそうだね、って言った。」

「ああー[15]、だから陸上部{??だ／なんだ}。」((24a)再掲)

(25)〜(28)は、話し手が発話時に発話現場で知覚した内容をそのまま表す「写実用法」である。例えば、(25)は話し手が「あそこに犬小屋がある」のを見て、その内容をそのまま発話する文である((26)〜(27)も同様に説明可能)。そして、(29)は話し手が知覚した内容から触発され、導かれた内容を表す「触発用法」である。つまり、相手発話(波線)から、話し手が持っている「(相手は)陸上部に所属している」ことに気づき、その内容を発話している((28)も同様に説明可能)。このように、同じ「知覚表明」を表す場合であるにもかかわらず、「おや」、「あっ」、「あれ」といった感動詞と共起する際は、非ノダは自然で、ノダは不自然である((25)〜(27))。それに対して、「なるほど」、「ああ」といった感動詞と共起する際は、ノダは自然で、非ノダは不自然である((28)〜(29))。

以上のような日本語の両形式と感動詞との共起関係は、4.4で検討した韓国語のneyとkwunにおける言語現象と相通じるところがある。まず、これらの日本語の感動詞に関するニュアンス、そして「心的情報処理」の観点からの分析をまとめると次のようである(4.4(37)で韓国語の感動詞との関連

本稿では「→」で示す。

15) 「ー」は「引き延ばし」をとって発音される感動詞のイントネーションを示す。

性を述べる際、挙げた内容と同様である)。

(30) 日本語の感動詞の特徴

a. 非上昇調で発音される「あっ」、「おっと」などは驚きを表し、上昇調で発音される「あれ」、「おや」などは驚きと同時にいぶかることを表す(日本語文法記述研究会2009:161-162参照、冨樫2005参照)。そして、「なるほど」は何かについて考えて得られた答えに納得したことを表し(日本語文法記述研究会2009:164参照)、「ああ」は引き延ばしをとることで、そうした認識過程に実時間的な処理が行われていることが表されている(森山2004:249参照)。

b. 「あ」は、新情報、新しい事態を受け入れる方向でのもっとも未分化な遭遇反応として使われる(森山1996：56参照)。「あ」「あっ」「はっ」等は自分で発見した情報を新規に登録する際の標識である(田窪・金水1997:268-269参照)。「あー」は思考過程中などの環境に出現し、編集・計算中を表し、「なるほど」は知識変更過程(知識への位置づけ)を表す(森山・長2002:132参照)。

以上のような感動詞に関する指摘、及びこれらの感動詞と非ノダ／ノダとの共起現象は、4.4で検討した韓国語の場合と並行した言語現象であり、その分析においても韓国語の場合の分析と並行して行うことができると考えられる。つまり、「어어(ee)」、「아앗(aas)」、「어머(eme)」と「오-라(o-la)」、「아-(a-)」と並行して、「あっ」、「おっと」、「あれ」、「おや」といった感動詞は「非納得」の感動詞とし、「なるほど」、「ああ」といった感動詞は「納得」の感動詞とすると、「非納得」の感動詞[16]との共起においてはneyと

16) (30)aのように先行研究では「あっ」、「おっと」、「おや」などについて、「驚き・戸惑い」のニュアンスを帯びると指摘しているが、本稿では、「あー」、「なるほど」などのように

非ノダの方が自然であり、「納得」の感動詞との共起においてはkwunとノダの方が自然であると言える。

さらに、韓国語のneyとkwunの振る舞いと関連して、4.4で想定した「入力情報の処理過程」(「未知情報の遭遇段階」→「関連情報の探索段階」→「未知情報と関連情報のリンク段階」)は、日本語の非ノダとノダにも適用でき、日本語の非ノダは韓国語のneyと同様に「未知情報の遭遇段階」で用いられる形式であるのに対して、日本語のノダは韓国語のkwunと同様に「未知情報と関連情報のリンク段階」で用いられる形式であると言える。このような日韓の両形式と感動詞との共起関係における並行性、及び日韓の両形式の相違点をまとめると次のようである。

入力情報の処理過程	[未知情報の遭遇段階] →	[関連情報の探索段階] →	[未知情報と関連情報のリンク段階]
納得のニュアンスの有無	非納得		納得
共起する感動詞	日: あっ、あれ、おや 韓: 아앗(aas)、어어(ee)、어머(eme)		日: なるほど、ああ 韓: 오-라(o-la)、아-(a-)
共起する文末形式	日: 非ノダ 韓: ney		日: ノダ 韓: kwun

表5.1. 入力情報の処理過程とニュアンス、及び生起する感動詞と文末形式

5.3での意味用法の記述において、韓国語のney／kwunと日本語の非

「納得」のニュアンスを帯びる感動詞においても、納得の内容が事前に有する前提とずれることから生じる「驚き・戸惑い」のニュアンスを伴うことができるという点から、これらの感動詞を「驚き・戸惑い」の感動詞とするのは不適切であり、納得の有無を基準にして、「非納得」の感動詞とする(4.4で韓国語の感動詞についても同様なことを述べた)。

ノダ／ノダが並行的であるという傾向が見られたが、以上のような感動詞との共起関係から、日韓両言語の「知覚表明文」における「非ノダとney」の対応、そして「ノダとkwun」の対応がより明確に確認できた。

次節では、このような「入力情報の処理過程」による分析を、具体的な意味用法に適用して検討する。

5.5. 「入力情報の処理過程」の観点からの意味用法の再分析

5.3では、非ノダとノダが表す「知覚表明」を「写実用法」と「触発用法」に下位分類した。そして、5.4では、「入力情報の処理過程」の観点から非ノダとノダの相違点を分析した。本節では、5.4で提案した「入力情報の処理過程」の観点から、5.3で記述した非ノダとノダの具体的な意味用法及び、置き換えの可否などを再分析する。その際、その分析結果を韓国語のneyとkwunの場合とも比較することにする。

5.5.1. 「写実用法」における非ノダとノダ－ney／kwunと比較して

次の非ノダとノダの文は、“話し手が発話時に発話現場で知覚した内容をそのまま表す”「写実用法」である。このような「写実用法」においては、5.3で確認したように特定の文脈が示されないと非ノダとノダは基本的に置き換えが可能である。

(31) (話し手が雨が降っているのを見て)

あ、雨が降っている{ø／んだ}。((3)(4)再掲)

しかし、(31')のように感動詞「あ」を短い「あっ」で発音する、つまり「非納得」の感動詞が共起できるような、突発的に、瞬間的に知覚内容に接したという文脈(波線参照)が明示的に示されると、非ノダの方が主に用いられる。それに対して、(31")のように感動詞「あ」を引き延ばして「ああ」で発音する、つまり「納得」の感動詞が共起できるような、「知覚情報」を理解するために一定の時間をかけて考え理解できたという文脈(波線参照)が明示的に示されると、ノダの方が主に用いられる。このような観察結果から、「写実用法」における非ノダとノダの置き換えの可否は、neyとkwunの置き換えの可否と並行していると言えるであろう(韓国語に関する内容は5.3と4.5.1を参照)。

(31') (出かけようとしてドアを開けた瞬間、話し手が雨が降っているのを見て)
あっ、雨が降っている{ø／??んだ}。

(31") (「急にぱらぱらと音がして何だろう」と思いながら外に出たら、雨が降っているのを見て)
ああ、雨が降っている{??ø／んだ}。

このような日韓の並行性から、日本語の「写実用法」を「入力情報の処理過程」の観点から捉え直す際においても、次のように韓国語の場合と同様のことが言える。「入力情報の処理過程」の観点からすると、「写実用法」の状況は知覚内容(未知情報)に遭遇した段階に当てはまり、「未知情報の遭遇段階」を表す非ノダの使用は自然である。しかし、未知情報と関連情報のリンク段階を表すノダが「写実用法」に使われるときは、事情が異なる[17]。この場合は、発話時以前の知覚内容が未知情報となり、発話時の

17) この問題は、2.1で名嶋(2007)について"「発見のノダ」は「話し手が活性化させた文脈」との関連付けによって導き出された解釈であるとしたが、「話し手の事態認識(思考)(本

知覚内容はその発話時以前の知覚内容(未知情報)の関連情報となると考えられる。例えば、(31”)において、発話時以前における「急にパラパラと音がする」という知覚内容が未知情報となり、その未知情報を理解するために関連情報を探索している途中、発話時における「雨が降っている」という知覚内容、つまり関連情報とリンクでき、発話時以前の未知情報が納得できたということを表すと考えられる。

「写実用法」においては、もう一つ説明が必要な場合がある。次の(32)のように「相手発話の繰り返し」の場合は、一見「写実用法」のように見えるにもかかわらず、ノダの方が自然である。

(32) a.「伊達が勝ったって」
「へーえ、伊達が勝った{??ø／んだ}」((23)再掲)
b.“아-, 다테가 이겼{??네／구나}.”

(32)では「伊達が勝った」という相手の発話を聞いて、そのまま繰り返して発話している。このように相手発話の言語的な情報が実在の具体的な事態を伴っていない場合は、その言語的な情報を理解(解読)する(つまり、言語的記号を心的表象(概念)に変換する)ために、話し手が持っている知識の中にある関連情報(つまり、言語記号と対応する心的表象(概念))とリンクさせるのは、「未知情報の遭遇段階」でできることではなく「未知情報と関連情報のリンク段階」でできることである。そこで、(32)のような「相手発話の繰り返し」の場合はノダの方が自然なのである。このような「相手発話の繰り返し」の場合は、実在の具体的な事態を伴っていない(写実する対象が存しない)という点と　相手発話に触発され、それに対応する心的表象(概念)が導

稿の「写実用法」)」においては関連付けられる「話し手が活性化した文脈」については指摘がない”と指摘した問題点と同じである。

かれるという点を考慮すると、「写実用法」よりは「触発用法」に分析したほうが良いように考えられる。

5.5.2. 「触発用法」における非ノダとノダ－neyとkwunと比較して

次の非ノダとノダの文は"話し手が発話時に発話現場で知覚した内容から触発され、導かれた内容を表す"「触発用法」である。(33)では「コンサート場の建物の前に長い列ができている」のを見て(それに触発されて)、「コンサートがまだ始まっていない」という内容が推論されている。このような「触発用法」においては、5.3で確認したように、非ノダとノダは、特定の文脈がない限り、基本的に置き換えが可能である。このような非ノダとノダに関する観察結果は、neyとkwunの場合と同様で、「触発用法」においても日韓の両形式は並行していると言えるであろう(韓国語に関する内容は5.3と4.5.2を参照)。

(33) (コンサート場の建物の前に長い列ができているのを見て)((21)再掲、一部改変)
「コンサート、まだ開演していない{ø／んだ}な」

このような日韓の並行性から、日本語の「触発用法」を「入力情報の処理過程」の観点から捉え直す際においても、次のように韓国語の場合と同様のことが言える。「触発用法」は話し手が知覚した内容から触発され、ある内容が導かれたということであり、これは、未知の知覚情報に遭遇して関連情報として触発内容にリンクできたということを意味する。そこで、「入力情報の処理過程」の観点からすると、その状況は「未知情報と関連情報のリンク段階」に当てはまり、その段階を表すノダの使用は自然である。しかし、関連情報とのリンクを想定せず「未知情報に遭遇した段階」のみを表す非ノダは「触発用法」に使いにくいはずであるが、使用可能なのはどのような場合であろうか。

説明のために、(33)の文脈を次のようにより具体的に設定することにする。

(33) の文脈－(i)「コンサートに参加しようとする人が、遅れてコンサート場に着き、コンサート場の建物の前に長い列ができているのを見て」

(ii)「ある建物の前を偶然通りすぎているところ、長い列ができているのをみる。「この人たちはなぜこのように列を作っているんだろう」と思いながら、建物の壁にコンサートの看板が掛かっているのを見て」

そうすると、(i)の文脈では非ノダとノダ双方とも使えるが、(ii)の文脈ではノダの方が自然である。このような文脈が明示的に示されないと非ノダとノダは基本的に置き換えることができると考えられる。

このように設定された両者の文脈でノダが用いられるのは、上で説明したように両者の文脈とも基本的に「触発用法」にあてはまる状況であるからである。一方、(i)の文脈で非ノダが使える理由と(ii)の文脈でノダのみが自然である理由については、説明が求められる。この問題についても、韓国語の場合と同様に「知覚内容」と「触発される内容」との関連度に注目して次のように説明できると考える。

(33) の文脈 (i)－「知覚内容」← 日常的で一般的な関係 →「触発される内容」

(両者が緊密な関連性を持つ)

(ⅱ)－「知覚内容」←一回的で個人的な関係→「触発される内容」
(両者が緊密な関連性を持たない)

このような「知覚内容」と「触発される内容」の関連度の違いは、未知情報(知覚内容)を関連情報(触発される内容)にリンクするに当たって、情報を処理する負荷量に影響を与えると考えられる。例えば、(ⅰ)のように両者が日常的で一般的な関係、つまり緊密な関連性を持つ場合は、両者をリンクさせるのは負荷量の少ない簡単なことであり、「未知情報の遭遇段階」でも反射的に十分できることである。そこで、(ⅰ)の文脈では非ノダも使えるのである。一方、(ⅱ)のように両者が一回的で個別的な関係、つまり緊密な関連性を持たない場合は、両者をリンクさせるのは簡単なことではなく、両者の関連性を十分検討した後(つまり、「関連情報の探索段階」を経た後)、可能なことであり、「未知情報と関連情報のリンク段階」でしかできないことである。そこで(ⅱ)の文脈ではノダの方のみが自然なのである。

5.3で同じ「触発用法」であるが、他の場合とは違って、非ノダとノダの置き換えが不可能である例として、次のような例を挙げた。このような例も以上で説明した「知覚内容」と「触発される内容」の関連度から説明できると考えられる。

(34) a. 「あと、あの人、私の脚を見て、速く走れそうだね、って言った。」
「ああ、だから陸上部{??だ／なんだ}。」((24)再掲)
b. "아, 그래서 육상부 에 들 었 {??네 ／구나}."
a, kulayse yuksangpwu -ey tul -ess {??-ney／-kwuna}.
{あ、 だから 陸上部 -に 入る -過去 -終結}

例えば、(34)で「あの人が私の脚を見て、速く走れそうだね、って言った」

という相手発話(知覚内容)から、話し手が知っていた相手に関する「あなたは陸上部に所属している」という情報に気づく(触発され、導かれる)ことは、一回行われて終わることである。つまり、この場合は、両者の関係が日常的で一般的に行われることではないため、非ノダのほうは不自然になると考えられる。そして、その韓国語訳において、neyは不自然でkwunは自然であることから分かるように、このような「触発用法(推論)」の場合においても日韓の両形式は並行している(韓国語の詳細については、4.5.2を参照)と言える。

以上で見たように、「入力情報の処理過程」の観点から「写実用法」と「触発用法」を検討した結果、日本語の非ノダ／ノダと韓国語のney／kwunは、文脈による置き換えの可否、そして相違点においても、並行しいていることが再確認できた。

5.6. 「知覚表明」を表す日本語のノダを韓国語のkwunに対応させる意義

5.3での意味用法の記述、及び5.4での感動詞との共起関係、5.5での文脈による置き換えの可否を検討した結果から、日韓両言語の「知覚表明文」の並行性、特に非ノダとneyの対応関係とノダとkwunの対応関係が明らかになったと考えられる。本節では、このうち「知覚表明文」において日本語のノダを韓国語のkwunに対応させる意義について簡単に述べておく。

日本語のノダに対応する韓国語の形式は、一般に「것이다(kesita)」を挙げることができる。それは、その組成において、次のように同じような構造をしているからである。

(35) a.「ノダ」=「連体修飾 + 名詞化の機能をもつ「の」+ 断定の「だ」」
b.「것이다(kesita)」=「連体修飾 + 名詞化の機能をもつ「것(kes)」
+ 断定の「이다(ita)」」

実際、日韓翻訳の例をみると、次のようにノダとkesitaが対応する場合が多く見られる。例えば、(36)と(37)では、日本語のノダに韓国語のkesitaが対応して、自然である。

(36) a.「うん、でも、それでもチケット一枚余るんだよな……。しょうがない、もったいないけど売るしかないかな……。」{蹴}
しつこく呟き続けているが、無視するしかない。私だって絹代しか当てはないのだ。
b. 니나가와는 끈질기게도 계속해서 구시렁거렸지만, 무시하는 수밖에 없다. {발}
나 역시 키누요 외에는 달리 부를 상대가 없는 것이다.
(37) a. 私は本当にひもじかった。その宿の名物だと言う野菜料理は、すききらいのないはずの私のきらいなくさい野菜がなぜかオールースター入っていて、ろくに食べられなかったのだ。
b. 나는 정말 배가 고팠다. 그 여관의 명물이라는 채소 요리가, 음식을 잘 가리지 않는 내가 유독 싫어하는 채소만 줄줄이 들어있어, 제대로 먹을 수가 없었던 것이다.
(李南姫2001:254)

しかし、次のようにノダとkesitaが対応しない場合もある。例えば、(38)と(39)では、日本語のノダを韓国語のkesitaに訳すると、不自然である。

(38) (チケットに書いてある値段を見て)

a. 「このチケット、3500円もする<u>んだ</u>！」((20)再掲)

b. "이 티켓 3500엔이나하{??<u>는 거야</u> ／<u>는구나</u>}!"

(39) a. 島村は女の髪をかき分けて元結を切った。(中略)

「ずいぶんいくつも縛ってる<u>んだ</u>ね」

b. 시마무라는 그녀의 머리를 헤치고 머리끈을 끊었다. (中略)

「많이도 매어있{??<u>는 거야</u>／<u>군</u>}」(印省熙2006:83、一部改変)

日本語のノダと韓国語のkesitaを対照分析した多くの研究では、その対応関係について「地の文」においては両形式の対応率が高いのに対して、「会話文」においては両者のズレが見られるとしている(李南姫2001、印省熙2006、堀江・金2008、金廷珉2009)。特に、いわゆる因果関係などを表す「説明」の場合は両者が対応しやすいが(例えば、(37)のノダ文は「私は本当にひもじかった」という先行文の原因となる)、いわゆる「発見(本稿での「知覚表明」)」の場合は両者が対応しにくいとしている(例えば、(39)のノダ文は「目の前の女の髪」を見てそのまま表している)。

しかし、先行研究では「知覚表明」のノダにkesitaが対応しにくいという指摘にとどまっており、具体的にどのような表現と対応できるかについては分析がない。本稿の観察結果から分かるように、「知覚表明」のノダは韓国語のkwunに対応することが確認できた。このような結果から、同様の組成であるにもかかわらず、日本語のノダは「知覚表明」を表すことができるが、韓国語のkesitaは「知覚表明」を表すことができない理由も説明できる。つまり、韓国語では「未知情報と関連情報のリンク段階」の「知覚表明」を表す別の形式、つまりkwunが存在するので、kesitaを用いてまで「知覚表明」を表す必要がないからであり、逆に、日本語では「未知情報と関連情報のリンク段階」の「知覚表明」を表す別の形式が存在しないので、ノダを用いて「知覚表明」を表すことになったと考えられる[18)]。

5.7. 終わりに

本章では、日本語の「知覚表明」を表す非ノダとノダを、韓国語のneyとkwunと比較しながら、意味用法を記述し、両言語における並行性について次のような点を述べた。

(40) 本章のまとめ

① 韓国語のney／kwunと日本語の非ノダ／ノダはすべて「写実用法」と「触発用法」を有する。

② 各言語の両形式は、感じられるニュアンスは異なっても、特定の文脈が示されないと基本的に置き換えることができる。

③ 「非納得」の感動詞との共起においては、neyと非ノダが自然であり、「納得」の感動詞との共起においては、kwunとノダが自然である。

④ このような感動詞との共起関係から、(ⅰ)「未知情報の遭遇段階」→(ⅱ)「関連情報の探索段階」→(ⅲ)「未知情報と関連情報のリンク段階」という「入力情報の処理過程」を想定すると、neyと非ノダは(ⅰ)の段階で用いられる形式であり、kwunとノダは(ⅲ)の段階で用いられる形式であると考えられる。

⑤ この「入力情報の処理過程」の観点から、文脈による置き換えの問

18) 言語現象として、ノダが「知覚表明」を表しているという点においては間違いないが、このように"ノダが「知覚表明」を表す"というメカニズムに関する分析はできなかった。このような問題を追究するのも重要なことであると考えられるが、今にそのような用意ができていない。今後の課題とする。

題も説明できる。

⑥ 日本語のノダと韓国語の**kesita**が同様の組成で構成されているにもかかわらず、ノダは「知覚表明」を表すことができるが、**kesita**は「知覚表明」を表すことができない理由は、韓国語では「未知情報と関連情報のリンク段階」を表す別の形式、つまり**kwun**が存在するからであると考えられる。

第6章

日本語と韓国語の確認要求的表現

－ネ、ダロウとney、kwun、ciを中心に－

6.1. はじめに

第2章で、日韓の文末形式の対応関係を検討し、「韓国語のhay(yo)体の終結語尾は、基本的に日本語の確言形と対応するが、日本語の終助詞に対応しているように見える場合もある」と述べた。韓国語の終結語尾が日本語の終助詞に対応している代表的な例として、次のような‘聞き手に何らかの確認や同意を求める’「確認要求的表現[1)]」を挙げることができる。

(1) a. この料理、ちょっと辛いね? (日本語記述文法研究会2003:38)

b. 이 요리 좀 맵네?

1) 外延的には、国立国語研究所(1960)で「確認要求の表現」、仁田(1991)で「疑似疑問」、Park,J.Y.(2006)で「確認疑問と類似疑問」などと呼ばれるものに相当する。

(2) a. 君、あの学校の学生でしょう? (日本語記述文法研究会2003:38)

b. 너, 저 학교 학생이지?

(3) a. 영희는 내년에 미국에 간대. (Park,J.Y.2006:226一部改変)

- 그럼 철수 혼자 남게 되{네／는구나}?

b. ではチョルス一人残ることになるんだね?

(4) a. 철수 지금 꾀병 부리는거지? (Park,J.Y. 2006:206)

b. チョルス、今仮病使っているんだろう?

上例のように日本語ではネとダロウを、そして韓国語ではney、kwunとciを用いて、聞き手に確認や同意を求めることができる。日韓の確認要求的表現には様々な形式があるが[2)]、本稿では、形態的な面において同じ「単純な文末形式」に属する、上例のような日本語のネ、ダロウと韓国語のney、kwun、ciを対象にして考察することにする[3)4)]。

2) 確認要求的な意味機能を表す日韓の形式を形態的な面を基準にして分類すると、次のように三つのグループに分けることができる。
・「単純な文末形式」: 日本語 －ネ、ダロウ
韓国語－ney、kwun、ci
・「複合的な文末形式」: 日本語 －ダロウネ、ヨネ
韓国語－keyssney、keysskwun、keyssci
・「否定疑問形式」: 日本語－述語の否定＋カ、述語＋ノデハナイカ、述語＋デハナイカ
韓国語－述語の否定＋疑問の終結語尾、述語+nke(s)ani＋疑問の終結語尾、述語＋canh＋疑問の終結語尾
日韓の確認要求的表現の全体像を把握するためには、以上の全ての形式を検討する必要があるが、本稿ではその全体像を把握するための第一段階の分析として、「単純な文末形式」という同じグループに属している、ネ、ダロウとney、kwun、ciに限って分析することにする。

3) 日本語で丁寧体と発音の長短によるネエ、ダロ、デショウ、デショと、韓国語でhayyo体のneyyo、kwunyo、ciyoも分析対象に含まれる。ただし、表記ではネ、ダロウ、ney、kwun、ciで総称して示すことにする。

4) これらの形式には他の意味用法もある。例えば、ネには自己確認や同意表明、ダロウには推量、neyとkwunには知覚表明、ciには知識表明や命令、勧誘、意志といった意味・用法もあるが、本稿では対象外である。詳細は仁田(1991)、森山他(2000)、宮崎他(2002)、日本語記述文法研究会(2003)、神尾(1990)、Jang,K.H.(1985)、Han,

従来の研究において、これらの文末形式が共通して確認要求的な意味機能をもつという指摘[5)]があり、これらの日韓の形式が単純に対応するようにも見える。例えば、ネにはney、あるいはkwunが対応し((1)と(3))、ダロウにはciが対応しているように見える((2)と(4))[6)]。しかし、次のように、確認要求的表現のネとダロウが、ney、kwun、ciのいずれにも対応しない場合もあり、日韓の対応関係はさほど単純ではないようである。

(5) a. (チケット売場で)
客「大人、二枚下さい。」
係員「二枚ですね。」(森山2008:34)
b. "두 장이{?? 지／??네／??군}요?"

(6) a. 「あ、これだけ教えて、オリチャンてどんな人だった？似てる人とかでいいから教えて。」…略
「……ペットの餌缶のCM……、」
「CMに出演してる人の顔なんて、いちいち思い出せないよ。」
「違う。人じゃなくて、ああいうCMで草原とかをスローモーションで走っている大きい犬いるでしょ。コリー犬とかゴールデンレトリバーとか。」[蹴]
b. "…略… 왜 그런 CF에서 초원같은 델 슬로우 모션으로 달리는 커다란 개 있{??네／??군／??지}. …略…"[발]

これらの表現が日本語と韓国語の間においてどのように対応しているかについては、まだ十分な考察が行われていないように見受けられる。そこ

K.(2004)、Park,J.Y.(2006)、本稿の第3章と第4章などを参照。
5) 注4)に挙げた研究などを参照。
6) (1)と(2)のbの韓国語と(3)と(4)のbの日本語は、引用者の訳である。

で、本章では日本語のネとダロウや韓国語のney、kwunとciという文末形式を取り上げ、確認要求的表現としての意味用法を詳細に検討したうえで、これらの対応関係を考察することを目的とする。

6.2. 確認要求的表現の特質と下位類型

本節では確認要求的表現を通常の真偽疑問文と比べながら、その特質を明確にし下位類化を試みる。

従来の研究において日本語の確認要求的表現は通常の真偽疑問文と一部共通している特徴を持っている点に着目し、通常の真偽疑問文の周辺的な疑問文として位置づけられている。本稿でも同じ考えであるが、それは次のような言語事実によっても確かめることができる。

最初に通常の真偽疑問文から見ると、通常の疑問文は次のような二つの特徴を持っている。

(7) A：彼は来ますか?

B：はい、来ます／いいえ、来ません／#(無応答)

(8) 彼は来ますか、それとも来ませんか。

(7)のように通常の真偽疑問文は聞き手からの応答がないと談話的に不自然である。このことは、通常の真偽疑問文に、当該命題を聞き手に問いかけ、応答を要求するという特徴があることを示唆する(以下**「問いかけ性」**とする）。そして、(8)のように真偽疑問文は選択疑問文にすることが可能である。このことは、通常の真偽疑問文は当該命題の真偽に対して中立的であり、話し手の判断が真として確定されていないということを意味する(以下

「不確定性」とする)[7]。

このような「問いかけ性」と「不確定性」という観点から確認要求的表現を検討すると次のようである。

(9) A：君、あの学校の学生<u>でしょう</u>?
　　B：はい、そうです／いいえ、そうではありません／#(無応答)
(10) A：この料理、ちょっと辛い<u>ね</u>?
　　B：そうですね／そうですかね／#(無応答)
(11) *君、あの学校の学生<u>でしょう</u>、それともあの学校の学生ではない<u>でしょう</u>?
(12) *この料理、ちょっと辛い<u>ね</u>、それとも辛くない<u>ね</u>?

(9)と(10)のように確認要求的表現は、通常の疑問文と同様に聞き手からの応答がないと談話的に不自然である。このことから確認要求的表現にも「問いかけ性」の特徴があることが分かる。しかし、確認要求的表現は通常の疑問文と違って、(11)と(12)のように選択疑問文にすることができない。このことは確認要求的表現は当該命題に対して中立的ではなく、話し手の判断が確かであれ、不確かであれ、真として確定されているということを示唆する。つまり、確認要求的表現には「不確定性」が欠けているのである。このような「問いかけ性」と「不確定性」の特徴を観察した結果からも、確認要求的表現は周辺的な疑問文として位置づけることができると考えられる。

このような日本語の確認要求的表現の特質は、韓国語の確認要求的表現においてもそのまま並行している。

---

7) 「問いかけ性」と「不確定性」については、安達(1999、2002)と仁田(1991、1997)などを参照。

(13) A : 그는 옵니까?

B : 네, 옵니다／아뇨, 안 옵니다／#(無応答)

(14) A : 철수 지금 꾀병 부리는거지?

B : 네, 그렇습니다.／아뇨, 안 그렇습니다.／#(無応答)

(15) A : 오늘은 날씨가 참 덥{네 ／군}요?

B : 그렇네요／글쎄요／#(無応答)

(16) 그는 옵니까, 아니면 안 옵니까?

(17) *철수 지금 꾀병 부리는거지, 아니면 꾀병 부리는거 아니지?

(18) *오늘은 날씨가 덥{네 ／군}요, 아니면 덥지 않{네 ／군}요?

(13)の通常の疑問文と同様に、(14)と(15)の確認要求的表現は、聞き手からの応答がないと談話的に不自然である。そして、(16)の通常の疑問文とは違って、(17)と(18)の確認要求的表現は、選択疑問文にすることができない。このことから分かるように、韓国語の確認要求的表現にも「問いかけ性」はあるが、「不確定性」はなく、周辺的な疑問文として位置づけることができるであろう。

以上のような日本語の確認要求的表現に対しては、先行研究でその意味用法を大きく二分する場合が多い。本稿でも、先行研究と同様に基本的に日本語の確認要求的表現の意味用法を二分するという立場をとる。ただし、その際、先行研究ではあまり重要視しなかった、応答の仕方の違いに注目し、以下のように「確認要求」と「同意要求」に分類することにする[8]説明する用語は異なるものの、本稿でも基本的に確認要求的表現を大きく二分類する点においては先行研究と同じ立場である。ただし、三宅(1996)ではネも含めて分析しているが、その内容が本稿とは少し異なる。三宅

8) 日本語の確認要求的表現については、数多くの先行研究が存する。そのうち、ダロウを中心とした分析内容と本章との関係を簡単に述べておくと次のようである。

(1996)では、ダロウとネが本稿で言う「確認要求」の用法を共有しているが、本稿で言う「同意要求」の用法は共有しないとし、別の用法として立てている(ダロウは「知識確認要求」、ネは「同意要求」としている)。しかし、三宅(1996)が別の用法として立てている、ダロウの「知覚確認要求」とネの「同意要求」は、同意・非同意型の応答を求めるという応答の仕方や認識の同一化を図るという発話意図において、共通した振る舞いを示しているという点を重視して、本稿ではダロウとネが「同意要求」の用法も共有しているとする。)。このような分類方法は、下位分類における明確な基準になるという点と、次のように韓国語の確認要求的表現の分析においても同様に適用することができるという点から、有用であると考えられる。

上で見たように、確認要求的表現は聞き手に問いかけ、応答を要求するという「問いかけ性」の特徴を持っている。しかし、相手の応答の仕方を見ると、同じ確認要求的表現の中でも少し違いが見られる。例えば、(9)と(14)では「はい」と「いいえ」、「ney(はい)」と「anyo(いいえ)」といったyes-no型の応答を取るのに対して、(10)と(15)では「そうですね」と「そうですかね」、「kulehneyo(そうですね)」と「kulsseyo(さあ)」といった同意・非同意型の応答を取る。前者は、yes-no型の応答を求めることから分かるように、話し手にとっては不確実な情報を、確実な情報を有していると見込まれる聞き手に持ちかけることによって、確認を求めるタイプである(以下**「確認要求」**とする)。一方、後者は、同意・非同意型の応答を求めることから分かるように、話し手の認識と聞き手の認識が同じであると見込まれる情報を聞き手

<table>
<tr><td>奥田(1984)</td><td>田野村(1990b)</td><td>森山(1992)</td><td>蓮沼(1995a)</td><td colspan="2">三宅(1996)</td><td>宮崎(2005)</td><td>本稿</td></tr>
<tr><td>念おし的なたずねる文</td><td>推量確認要求</td><td>伺い型</td><td>推量確認</td><td colspan="2">命題確認の要求</td><td>聞き手依存型</td><td>確認要求</td></tr>
<tr><td rowspan="2">たんなる念おしの文</td><td rowspan="2">事実確認要求</td><td rowspan="2">押しつけ型</td><td>共通認識の喚起</td><td rowspan="2">知識確認の要求</td><td>潜在的共有知識の活性化</td><td rowspan="2">聞き手誘導型</td><td rowspan="2">同意要求</td></tr>
<tr><td>認識形成の要請</td><td>認識の同一化要求</td></tr>
</table>

に持ちかけることによって、同意を求めるタイプである(以下**「同意要求」**とする)。つまり、発話意図において、「確認要求」は話し手における情報の確実化を図り、「同意要求」は話し手と聞き手の間における認識の同一化を図るのである。本稿では、このように相手の応答の仕方の違いから、確認要求的表現を「確認要求」と「同意要求」に下位分類する。以上の内容をまとめると次のようである。

		応答の仕方	発話意図
確認要求的表現	確認要求	yes-no型の応答	情報の確実化
	同意要求	同意・非同意型の応答	認識の同一化

表6.1. 確認要求的表現の下位類型

6.3. 日本語のネとダロウ

本節では日本語のネとダロウを対象にして、確認要求的表現の意味用法を記述する。特に、同じ意味用法を共有する場合において、形式間の振る舞いの違いに注目し、そのニュアンスの違いを分析する。

6.3.1. 「確認要求」のネとダロウ

(19) 「あの、警察の方なんですか」

急にカスミの言い方に不信が現れた。

「はあ、そうす。元刑事です。だから、森脇さんの事件の応援にも行きましたよ」

「そうですか」カスミの声は途端に沈んだ。「だったら、事件のこともよくご存じなんですね」
「知ってます」{柔}

(20)「…略…私さ、中学の頃に女のモデルに会ったことがあるんだけどさ、」
「あー、昔言ってたよね。なんかの店で会ったんでしょう?」
「そう。で、にな川はそのモデルのファンだったらしく、どこで会ったか教えてくれって。」{蹴}

(19)ネの文と(20)ダロウの文は、yes-no型の応答(下線)を求めることから分かるように「確認要求」である。例えば、(19)では聞き手は元刑事であり、森脇さんの事件の応援にも行ったので「(森脇さんの)事件のこともよく知っている」と思い、それを聞き手に確かめている。そして、(20)では昔聞き手から聞いた情報の中で「聞き手が女のモデルに何かの店で会った」ことを思いだし、それを聞き手に確かめている。このようにネとダロウは共通して「確認要求」の意味を表すことができる。

しかし、「確認要求」を表すネとダロウは、木村・森山(1997)が指摘しているように次のような特定の文脈になると片方しか使えない場合がある。

(21) 乗客：奈良まで一枚下さい。
車掌：奈良{ですね／??でしょう}。
乗客：京都まで何分かかりますか。
車掌：え? お客さん、奈良{??ですね／でしょう}。

(木村・森山1997:243一部改変)

最初の車掌の発話は、乗客の「奈良まで」という発話を受けて、車掌が思っている通りの内容を確認する場合であり、このような場合はネが自然である。しかし、次の車掌の発話は、乗客が奈良までのチケットを購入するのに、京都までの所要時間を聞いている発話を受けて、車掌が思っているのとずれている内容を確認する場合であり、このような場合はダロウが自然である。このような振る舞いの違いから、木村・森山(1997:243)は「「ネ」は認識のずれを意識しないのに対して、「ダロウ」は認識のずれがある」と述べている。本稿でも同様に考え、話し手と聞き手の認識において、ネの「確認要求」は一致を前提とし(以下**「一致型の確認要求」**)、ダロウの「確認要求」はずれを前提とする(以下**「ずれ型の確認要求」**)と規定する。次の「ダッテ」との共起現象は、先行研究では指摘されたことがないが、このような現象からも、上で述べたダロウとネに関する分析は支持できると考えられる。

(22) (デザイナーの仕事に興味を示さない相手に)

「だってデザイナー志望なん{でしょう／??ですね}。あなたは」…略…

「そうでしたけど」{柔}

(22)では、話し手の立場と聞き手の立場が対立する文脈で用いられる談話接続語「ダッテ[9]」との共起において、ダロウは自然であるが、ネは不自然であり、話し手と聞き手の認識において、ダロウは一致を前提とし、ネはずれを前提としているという特徴が窺える。

6.3.2. 「同意要求」のネとダロウ

(23) (北海道住民同士の会話)

「やれやれ、盆が過ぎるともう秋だ。冬は嫌だね」

「そうすね」{柔}

---

9) 「ダッテ」の意味機能については、泉子・K・メイナード(1992)、蓮沼(1995b)、沖(1997)を参照。

(24)「深呼吸してごらん」芦川はちょっと顔を仰向けにした。きれいな鼻の線が、暗がりのなかでも光って見える。
「ガスの臭いがする<u>だろ</u>？」亘は鼻をふんふんさせた。<u>ホントだ、臭い</u>。
{ブ}

(23)ネの文と(24)ダロウの文は、同意・非同意型の応答(下線)を求めることから分かるように「同意要求」である。例えば、(23)では同じ北海道住民であるので「聞き手も(北海道の)冬は嫌う」と考え、その同意を求めている。そして、(24)ではガスの臭いがする発話現場に一緒にいるので「聞き手もガスの臭いを嗅いでいる」と考え、その同意を求めている。このようにネとダロウは共通して「同意要求」の意味も表すことができる。

しかし、「同意要求」を表すネとダロウにおいても、次のような特定の文脈になるとダロウしか使えない場合がある。

(25) みどり「ママァ、御飯まーだ? お腹ペコペコだよォ。…もう9時だよ」
母親キョトンとみどりを見る。
母親「みどり、<u>何言ってンの?</u> 食べた{<u>でしょう</u>／??<u>ね</u>}」{世にも}

(25)は相手の発話が理解できず、肯定できないことを表す「何言ってンの?」から分かるように、話し手の認識と聞き手の認識がずれている場合であり、このような場合はダロウは自然であり、ネは不自然である。このことから、「同意要求」においても、ネは話し手の認識と聞き手の認識が一致することを前提とし、ダロウはずれていることを前提とすると言えるであろう。特に、「同意要求」においては、次のような現象も見られる。

(26) (相手に爪切りの使い方を説明している)

「いいですか、よく見ていて下さい。これがいちです。そしてに、です。次にさんです。ほら爪切りになった{でしょ／??ね}」

「なるほど」と私は言った。たしかにそれは立派な爪切りになっていた。{世}

(27) (相手にサンドウィッチを作ってあげて)

「どうです、なかなかうまいサンドウィッチ{でしょう／??ね}?」

「そうですね。とてもおいしい」と私は賞めた。{世}

聞き手が気づいていなかったり、忘れていたりする内容に注意喚起を促す場合に用いられる感動詞「ホラ[10]」や聞き手に話し手の意見を勧誘する場合に用いられる「ドウダ[11]」との共起において、ダロウは自然であるが、ネは不自然である[12]。このことから、ダロウの「同意要求」が前提とする認識のずれは、話し手と聞き手が一緒に認識(体験、知覚など)できた(あるいは、できる)はずの当該命題に対して、話し手は認識済みであるが、聞き手は認識が欠如(忘却、未知覚など)していることを意味すると考えられる。このような前提から、ダロウの「同意要求」は注意を喚起するニュアンスを帯びることになる(以下**「ずれ(喚起)型の同意要求」**とする)。それに対して、ネの「同意要求」が前提とする認識の一致は、話し手と聞き手が一緒に認識(体験、知覚など)できた(あるいは、できる)はずの当該命題に対して、話し手と聞き手ともに認識済みであることを意味し、このような前提から、ネの「同意要求」は共感を求めるニュアンスを帯びることになる(以下**「一致(共**

10) 「ホラ」については、大島(2001)を参照。
11) 「ドウダ」については、日本国語大辞典第二版九巻(2001)を参照。
12) 「ホラ」との共起関係については、森山(1992)などでも指摘があるが、「ドウダ」や「何言ってんの?」との共起関係については先行研究で指摘されたことがない。

感)型の同意要求」とする)。

日本語の確認要求的表現としてのネとダロウは、双方とも「確認要求」と「同意要求」という意味用法を共有している一方、次のように話し手の認識と聞き手の認識の一致を前提としているか、それともずれを前提としているかという**「聞き手めあて的な観点」**で対立している。

	話し手の認識と聞き手の認識についての前提
「確認要求」と「同意要求」のネ	一致している
「確認要求」と「同意要求」ダロウ	ずれている

表6.2. 日本語のネとダロウにおける「確認要求」と「同意要求」のニュアンスの違い

6.4. 韓国語のney、kwunとci

本節では韓国語のney、kwunとciを対象にして、確認要求的表現の意味用法を記述する。日本語の場合と同様に、同じ意味月法を共有する場合は、形式間の振る舞いの違いに注目し、そのニュアンスの違いの分析を試みる。

6.4.1. 「確認要求」のney、kwunとci

(28) (普通なら仕事に行っているはずの相手に保健所に行ってきたと言われて)

"오늘은 보건소 갔다 오느라고 일 안 가셨네요?"

"예, 오늘은 안 갔어요."[섬]

(29) (あざができている姑の顔を見て)

「다치셨군요? 어머니」[영웅]

「다치지는 않았다.」

(30) (第三者から紹介された相手に初めて会う)

"가르시아 선생님이시죠?"

"그렇습니다. 혹시…"[숨은]

(そうです。もしかして…)

(28)neyの文と(29)kwunの文、(30)ciの文は、yes-no型の応答(下線)を求めることから分かるように「確認要求」である。例えば、(28)では普通なら仕事に行っている相手に保健所に行ってきたと言われたことから「今日は保健所に行ったことで仕事に行かなかった」と思い、それを聞き手に確かめている。そして、(29)ではあざができている相手の顔を見て、「けがをした」と思い、それを聞き手に確かめている。最後に、(30)では初対面の人であるが待ち合わせの場所に来ているので、「(紹介された)ガルシア先生である」と思い、それを聞き手に確かめている。このようにney、kwunとciは共通して「確認要求」の意味を表すことができる。

しかし、次のような特定の文脈となるとciしか使えない場合がある。

(31) "아까 신라호텔로 올 때 강남 쪽에서 택시 타고 왔{지/??네/??군}요? …略…[미란]

카센터에 서 있을 때 택시 안에서 어떤 남자가 저를 쳐다보고 있다는 걸 알았죠."

"……"

(31)は(江南辺りの)自動車修理屋でタクシーに乗っているある男(聞き手)を見たという後続発話(波線)から分かるように、「(あなたは)先ほど新羅ホテルに来る時、江南辺りからタクシーに乗って来た」という発話は、話し手にとって既に知識として定着している内容を聞き手に問いかけ確認を求めている場合であり、このような場合はciは自然で、neyとkwunは不自然である。一方、次のような文脈となるとneyあるいはkwunの方が自然である。

(32) (普通は髪を結わない相手を見て)

"어, 다비 씨. 머리 묶었{??지／네／??군}?"…略… {오디션}

"답답해서요."

(33) (夜、暗闇の向こう側から歩いてきている人を見て、誰だろうと思っていたところ、間近で相手を見て)

"아—! 선생님이시{??지／??네／군}요?"{통도사}

(32)と(33)では、発話時に直接知覚した内容に対して、聞き手に確認を求めている。これは、非納得の感動詞「어e(あれ)」と納得の感動詞「아－a－(あー)」との共起からも分かるように[13]、発話時に初めて知覚した事態や情報に対して、納得できたり、できなかったりするのは、自然なことである。このような場合はneyあるいはkwunが自然で、ciは不自然である。ただし、(32)と(33)で見られるように、片方しか使えない場合がある。例えば、(32)のように非納得の感動詞との共起においてはneyが自然であり、納得の感動詞との共起においてはkwunが自然である。このような感動詞との共起現象は、neyの文とkwunの文が知覚内容に対して非納得の状態であるか、それとも納得の状態であるかという話し手の心的状態と関わっていることを示唆する[14]。

13) 非納得の感動詞「어e(あれ)」と納得の感動詞「아－a－(あー)」については、4.4やChoi, H.C.(2003)を参照。

14) 感動詞との共起関係によるneyとkwunのニュアンスの違いについては、4.4で詳細に述べた。

このような振る舞いの違いから、ciの「確認要求」は既に知識として定着している内容に基づいた「確認要求」(以下**「知識型の確認要求」**とする)であり、neyとkwunの「確認要求」は発話時に知覚した内容に基づいた「確認要求」(以下**「知覚型の確認要求」**とし、特にneyは**「非納得型の確認要求」**、kwunは**「納得型の確認要求」**とする)であると言えるであろう。

6.4.2. 「同意要求」のneyとci

(34) (一緒に月の光を見ながら)
「달빛이 참 좋네요.」{이름}
「보름이 다 되지 않았니.」

(35) (新しいネックレスをした自分の姿を見せながら)
"자, 보세요. 어때요? 어울리죠?" {숨은}
"글쎄."

(34)neyの文と(35)ciの文は、同意・非同意型の応答(下線参照)を求めることから分かるように「同意要求」である。例えば、(34)では発話現場に聞き手も一緒にいるので「聞き手もきれいな月光を見ている」と思い、その同意を求めている。そして、(35)では発話現場で聞き手に新しいネックレスをした姿を見せているので「聞き手も(話し手に似合っている)ネックレスを見ている」と思い、その同意を求めている。このようにneyとciは共通して「同意要求」の意味を表すことができる。

しかし、「同意要求」のneyとciにおいても、当該命題が知識内容か、それとも知覚内容かによって対立的な振る舞いを示す。

(36) (聞き手(お姉さん)が約束した期限について話し合っている)

"두 달이면 충분하다고. 언니, 그랬었{지／??네} 요?" [남자]

"그렇지."

(37) (ふと、夜空を見上げて)

"아앗! 저기, 달이 떴{??지／네} 요?"[전우치]

(36)は聞き手が同意を表明して認める発話(波線)から分かるように、「以前、(約束の期限は)二か月なら十分だと言った」という発話は、話し手と聞き手が一緒に体験した内容であり、話し手にとっては知識内容である。このような場合はciは自然で、neyは不自然である。それに対して、(37)は「아앗(aas)(おっと)」という非納得の感動詞から分かるように、話し手と聞き手が一緒に発話時に知覚している知覚内容である。このような場合はneyは自然で、ciは不自然である。このような現象から、確認要求の場合と同様に、ciの「同意要求」は既に知識内容に基づいた「同意要求」(以下**「知識型の同意要求」**とする)であり、neyの「同意要求」は知覚内容に基づいた「同意要求」(以下**「知覚型の同意要求」**とする)であると言える。

ここで、このような「同意要求」において一つ補足することがある。それは「同意要求」としてのkwunの不自然さについてである。(34)のような発話時の知覚内容に対する「同意要求」として、neyは可能であってもkwunは不自然である。これはより厳密な検討が必要であるが、6.4.1で触れた、neyとkwunの表わす話し手の心的状態と関係があると思われる。neyの文における非納得は、当該情報に対して話し手だけではなく聞き手も同様に感じると見込まれるものであり、聞き手と共有しやすい心的状態であるが、kwunの文における納得は、当該情報に対する話し手なりの個人的な理解であり、聞き手と共有しにくい心的状態であると言えるであろう。このような話し手の納得という個人的な心的状態を表すkwunと、話し手の認識と聞き手の認識が同じである(と見込まれる)ことを前提とする「同意要求」とは相容れないため、kwunは同意要求の用法には馴染まないと考えられる。

韓国語の確認要求的表現としてのney、kwunとciは、全て「確認要求」と「同意要求」を共有しており、次のように命題内容が知覚内容であるか、それとも知識内容であるかかという**「命題めあて的な観点」**で対立している。

		命題内容
確認要求	ney、kwun	知覚内容
	ci	知識内容
同意要求	ney	知覚内容
	ci	知識内容

表6.3. 韓国語のney、kwunとciにおける「確認要求」と「同意要求」のニュアンスの違い

6.5. 終わりに

本章では日本語のネとダロウと韓国語のney、kwunとciという文末形式を取り上げ、次のような確認要求的表現としての意味用法とその発現メカニズムについて述べた。

(38) 本章のまとめ

① 確認要求的表現は、応答の仕方の観点から、yes–no型の応答を取り情報の確実化を図る「確認要求」と同意・非同意型の応答を取り認識の同一化を図る「同意要求」とに下位類化できる。

② 日本語のネとダロウは双方とも「確認要求」と「同意要求」を共有しており、話し手の認識と聞き手の認識の一致可否という聞き手めあて的な観点で対立している(ネ：一致型、ダロウ：ずれ型)。

③ 韓国語のney、kwunとciは基本的に「確認要求」と「同意要求」を共有しており(ただし、kwunは「同意要求」は不可能)、命題内容が知識か知覚かという命題めあて的な観点で対立している(ney、kwun：知覚型(neyは非納得型、kwunは納得型)、ci：知識型)。

以上、日韓の確認要求的表現を表す文末形式を取り上げ、日本語と韓国語において、「確認要求」や「同意要求」という機能を発現させるメカニズムの違いを考察した。これは、第1章で検証すべき問題として挙げられた「韓国語の終結語尾ney、kwun、ciは基本的に日本語の終助詞ではなく「確言形」に焦点を当てて分析することを提案したが、これらの終結語尾は日本語の終助詞ネ、ダロウと同様に「確認要求的表現」として使われる場合があり、そのような場合はどのように説明すれば良いのか」という問題(第1章(21)②)に対する分析内容である。その分析の結果、日韓の確認要求的表現を表す文末形式は「確認要求」や「同意要求」という機能を果たす目的は同じであっても、その機能を発現させるメカニズムは異なり、韓国語では命題内容が「知識」か「知覚」かという命題めあて的な要因が働いており、日本語では話し手の認識と聞き手の認識が一致しているか、ずれているかという聞き手めあて的な要因が働いていることが確認できた。特に、第1章で、韓国語においてneyとkwunは「知覚表明」を表し、ciは「知識表明」を表すとしたが、これらの形式が「確認要求的表現」として用いられるとしても、基本的にはその「知覚表明」と「知識表明」という意味が保たれていることが確認できた。このような結果から、neyとkwunの「知覚表明」とciの「知識表明」という言語形式自体が有する意味、つまり「意味論」的意味が、当該命題に対して話し手の判断は不確実であるが聞き手の判断は確実であると見込まれるという文脈、あるいは話し手と聞き手の認識が同じであると見込まれるという文脈で用いられることによって、つまり具体的な使用における解釈、つまり「語用論」的意味として「確認要求的表現」となったと考えられる。

第7章

日本語と韓国語の「推量形」に関する対照研究

7.1. はじめに

本章は、いわゆる「推量」を表す日本語のダロウに対応する韓国語の形式を明らかにすることを目的とする。

まず日本語と韓国語における述語の文法カテゴリーに関する分析を確認する。次のような内容を見ると、日本語のダロウと韓国語の겠(keyss)は事態めあてのモダリティ（つまり認識のモダリティ）を表す形式として対応しているように見える。

(1) {{{{{{{ 見} ラレ} テイ} ナカッ} タ} デショウ}
{{{{{{{語根}ヴォイス}アスペクト}みとめ方}テンス}事態めあてのモダリティ}
ネ}
発話・伝達のモ ダリティ/丁寧さ}

(仁田1997:142のまとめ、太字と網かけは引用者)

(2){{{{{[　보}　시}　었}　　　**겠**}　　　지}　요}

{{{{{[語根]尊敬}過去} 意思(**推量**・意志)}待遇法・叙法}丁寧さ}

(梅田1990:45−46、1995:6−11のまとめ、太字と網かけは引用者)

上のような指摘にもあるように、一般に日本語のダロウと韓国語のkeyssは認識のモダリティの中でも、いわゆる「推量」を表すとされている。ただし、韓国語においては「推量[1)]」を表す形式にはkeyssのみならずㄹ 것이(lkesi)もあり、両者は類義関係にある。その一例として、次のような日本語のダロウについての仁田(2000)の分析内容((3))とその例((5))、と韓国語のkeyss/lkesiについてのSeo,J.S.(1996)の分析内容((4))とその例((6)、(7))を確認しておく。

(3)　推量とは、命題内容である事態の成立・存在を不確かさを有するものとして、想像・思考や推論の中に捉えているものである。(仁田2000:116)

(4)　推定法(presumptive)とは、文の内容に対して話し手が見当、推測または不確かな態度を示す叙法を言う。確かな態度で言うのではなく、いくつかの不確実性を持って予測して表す文法範疇である。

(Seo,J.S.1996:307、引用者訳(韓国語の原文は略する))

(5)　それだけあれば、なんとか暮らしていける<u>だろう</u>。(仁田2000:116)

(6)　그 애는 지금 도착했**겠**다. (Seo,J.S.1996:307)

(7)　그 친구가 내일 <u>올 것이</u>다. (Seo,J.S.1996:307)

---

1)　韓国語学では「推量」という用語より、「推測」あるいは「推定」等の用語が主に用いられるが、本稿では日韓の対照分析のために「推量」という用語を用いることにする。そして、韓国語ではkeyss、lkesiの以外に、리(li)という形式も推量の意味を表すことができるが、現代韓国語ではliは文末形式としてあまり使われなくなっているので、本稿では対象外とする。詳細はSeo,J.S(1996:307−317)など参照。

以上のような内容を見ても、推量を表す日本語のダロウと韓国語のkeyss/lkesiは、意味的に一致するところがあり、日本語の推量のダロウを単純に韓国語のkeyss/lkesiと対照比較して良いように思われる。

しかし、本稿では推量を表す日本語のダロウに対応する韓国語の形式を分析するためには、韓国語のkeyss/lkesiと対照比較するだけでは不十分であり、keyss/lkesiに終結語尾が結びついた表現全体との対応関係に注目する必要があることを提案する。特に、겠지(keyssci)との対応を中心に述べる[2)]。

このように考えられる一つの理由として、日本語のダロウと韓国語のkeyss/lkesiが文の現れ方において異なる点が挙げられる。日本語のダロウは、それ自体で文を終えることができるが((5)参照)、次のように韓国語のkeyss/lkesiはそれ自体では文を終えることができず、必ずその後に文体別の終結語尾(囲い部分)を接続しなければならない。

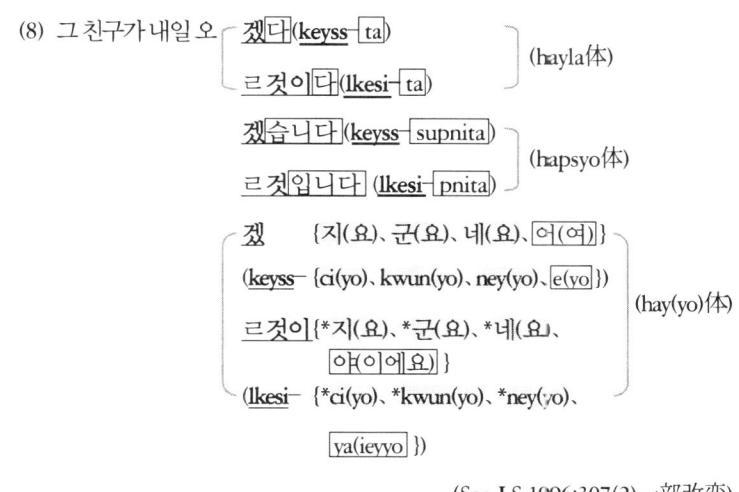

(8) 그 친구가 내일 오 { 겠다(keyss-ta) / 르 것이다(lkesi-ta) } (hayla体)
겠습니다(keyss-supnita) / 르 것입니다 (lkesi-pnita) (hapsyo体)
{ 겠 {지(요)、군(요)、네(요)、어(여)}
(keyss- {ci(yo)、kwun(yo)、ney(yo)、e(yo)})
르 것이{*지(요)、*군(요)、*네(요)、
야(이에요)}
(lkesi- {*ci(yo)、*kwun(yo)、*ney(yo)、
ya(ieyyo)}) } (hay(yo)体)

(Seo J.S.1996:307(2)一部改変)

2) ダロウは異形態としてデショウ、マイを含み(ノダロウは対象外)、keyssciは異形態として겠지요(keyssciyo)、겠죠(keysscyo)を含む。そして、ダロウとkeyssciには確認要求的な意味などもあるが、本稿では推量を表すものに限ることにする

そして、(8)を見ていると、keyss/lkesiと終結語尾の承接の仕方において特記すべき点が一つある。それは、keyss/lkesiの双方に接続できる終結語尾(hayla体の다(ta)、hapsyo体の습니다(supnita)、hay(yo)体の어(요)(e(yo));(8)の囲いに網かけなし)とkessのみに限定して接続する終結語尾(hay(yo)体の지(ci)、군(kwun)、네(ney);(8)の囲いに網かけあり)とに分けられるという点である。このことは、以下の節で日本語のダロウと比較するにあたって重要な特徴となるので、ここで強調しておく。

このように日本語のダロウと韓国語のkeyss/lkesiが文における現れ方が違うという点を考えると、推量を表す日本語のダロウを、ただkeyss/lkesiと対照比較するのではなく、keyss/lkesiと終結語尾との接続関係まで含めて対照比較する必要があるのではないか、という疑問が生じる。

そこで、推量を表す日本語のダロウが、韓国語のkeyss/lkesiとはどのように対応し、さらにkeyss/lkesiと終結語尾が結びついた表現全体とはどのように対応するかを、調べることにする。

7.2. 日韓対訳本の対応関係調査

日本語のダロウと韓国語の文末形式との対応関係を検討するために、日本語の1980年代以後の現代小説9作品とその韓国語による対訳本を用い、対照調査を行った(用例の出典と略号などは最後の頁参照)。

7.2.1. 日本語のダロウと韓国語のkeyss/lkesiとの対応関係

まず日本語のダロウが韓国語のkeyss/lkesiとどのように対応するかを調査した[3)]。その結果、日本語のダロウに韓国語のkeyssとlkesiがおおよそ4

対6の割合で対応していた(keyssとの対応(9)、lkesiとの対応(10))。

原本＼対訳本	keyss	lkesi	計
ダロウ	131(40.1%)	196(59.9%)	327(100%)

表7.1. 日韓対訳本における推量のダロウとkeyss/lkesiの対応関係

(9) a. 「君のことは忘れないよ。森の中で古い世界のことも少しずつ思いだしていく。思いださなくちゃならないことはたぶんいっぱいあるだろう。」{世}

b. "…略…기억해 내야만 하는 일들이 아마도 많이 있겠지." [세]

(10) a. しかし、数に対する直感を大切にした博士だから、私のこの自由奔放なやり方も、きっと許してくれるだろう。{博}

b. …略…나의 이 자유분방한 방법을 용납해줄 것이다.{박}

このように、日本語のダロウは韓国語のkeyssとlkesiの双方に対応していることが確認できる。しかし、表7.1の調査結果を地の文と会話文というテクストのタイプに分けてみると、keyssとlkesiの使い方に次のような興味深い特徴が見られた。

3) 調査結果では、日本語のダロウに対応する韓国語の形式として、keyssとlkesi以外にも、次のようなものも見られたが、用例数が少ないので、本稿では対象外とする。
・意訳(例えば、単文を複文にするなど):27例/・ㄹ테지(lteyci):7例/・지도 모르지(cito moluci):2例/・어(e):2例/・군(kwun):1例/・지[ci]:3例/・ㅂ니다(pnita):3例

原本＼対訳本	keyss	lkesi	計
地の文のダロウ	42(20.9%)	159(79.1%)	201(100%)
会話文のダロウ	89(70.6%)	37(29.4%)	126(100%)
計	131(40.1%)	196(59.9%)	327(100%)

表7.2. テクストのタイプによる推量のダロウとkeyss/lkesiの対応関係

地の文のダロウは、おおよそ2対8の割合で韓国語のkeyssとlkesiに訳されており、会話文のダロウは、おおよそ7対3の割合で韓国語のkeyssとlkesiに訳されていた。(9)はkeyssの会話文の例で、(10)はlkesiの地の文の例である。

このような結果から、日本語の推量を表すダロウは韓国語の対訳本においてテクストのタイプによって偏りがあり、keyssは主に会話文で使われ、lkesiは主に地の文で使われるという傾向が確認できる[4]。

さらに、地の文のダロウがkeyssで訳されている42例を見ると、全ての例が心内発話として考えられるものであり、次のように会話相当文として見なしても構わないものであった。

(11) a.「なんで学校来なくなっちゃったんだろうね。ハツの所に、にな川からなんか連絡きたりしてる？」「ううん、何も。」

絹代のグループの他の子たちも、興味津々の顔をして寄ってくる。この人たちは何かと私を囲んで話をしようとする。きっと絹代や彼らの

4) このようなテクストのタイプによるkeyssとlkesiの偏りの傾向は、あくまでも日韓対訳本を調査した結果である。このような傾向が韓国語原本の小説などにおいても同じであるかは調査が必要だと思われる。しかし、野間(1988:注33)によると、韓国語原本の小説を調査した結果、keyssはほぼすべてが会話文で使われていることを報告している。keyssとlkesiの違いについては、多くの分析があるが(Lee,N.S.1981、Kim,K.C.1988、Seo,J.S.1996など参照)、本稿ではこのようにテクストのタイプによる偏りの傾向の指摘に留まっておく。

"良心"からだろう。{蹴}

b. …略…분명 키누요나 그들의 '양심' 때문이겠지.{발}

したがって、keyssは主に会話文で用いられ、lkesiは主に地の文で用いられるという傾向は認めても良いように思われる。

7.2.2. 日本語のダロウと韓国語のkeyss/lkesi+終結語尾との対応関係

次に日本語のダロウと韓国語のkeyss/lkesi+終結語尾[5]との対応関係について調査した。これはこれまであまり注目されなかった点であり、本稿の主たる目的とするところである。

ここでは、7.1節で見たように終結語尾をkeyss/lkesiの双方に接続できる終結語尾(以下「**keyss·lkesi**グループ」(겠네(요)(keyssney(yo))、겠군(요)(keysskwun(yo))、겠지(요)(keyssci(yo))以外:表7.3)とkeyssのみに接続する終結語尾(「**keyss**グループ」(겠네(요)(keyssney(yo))、겠군(요)(keysskwun(yo))、겠지(요)(keyssci(yo)):表7.4)に分けて、その特徴を見ていく。このように二つのグループに分けて調査した結果は次のようである。

5) hay(yo)体の平叙文の終結語尾には多様な形式があり、Han,K (2006)では複合形(라니까(lanikka)、는다고(nuntako)など)と単純形と分類するが、本稿ではさらに単純形を接続語尾としても使われるもの(는데(nuntey)、고(ko)など)と純粋に終結語尾としてのみ使われるもの(ci、ney、kwun、e)とに分けて後者のみを対象とする。韓国語の複合形と接続語尾としても使われる単純形は、組成や文法的な特徴において日本語の複合形(ッテ、ッテバなど)と言いさし文(ケドなど)と対照比較する方が良いと考えられるからである。

対訳本 ＼ 原本		地の文のダロウ	会話文のダロウ	計
hayla体	keyssta	1(00.6%)	2(05.0%)	3(01.5%)
	lkesita	154(96.3%)	1(02.5%)	155(77.5%)
hapsyo体	keysssupnita	0(00.0%)	1(02.5%)	1(00.5%)
	lkesipnita	0(00.0%)	5(12.5%)	5(02.5%)
hay(yo)体	keysse(yo)	0(00.0%)	0(00.0%)	0(00.0%)
	lkeya(yeyyo)	5(03.1%)	31(77.5%)	36(18.0%)
計		160(100%)	40(100%)	200(100%)

表7.3. 日韓対訳本における推量のダロウと「keyss・lkesi」グループとの対応関係

対訳本 ＼ 原本		地の文のダロウ	会話文のダロウ	計
hay(yo)体	keyssney(yo)	0(00.0%)	0(00.0%)	0(00.0%)
	keysskwun(yo)	0(00.0%)	3(03.5%)	3(02.4%)
	keyssci(yo)	41(100%)	83(96.5%)	124(97.6%)
計		41(100%)	86(100%)	127(100%)

表7.4. 日韓対訳本における推量のダロウと「keyssグループ」との対応関係

まず「keyss・lkesiグループ」においては、表7.3から分かるように日本語のダロウは、主にlkeista(155例/77.5%)とlkeya(yeyyo)(36例/18.0%)に対応していることが確認できる。しかし、文体の差やテクストのタイプの違いを無視すると、日本語の推量のダロウは「keyss・lkesiグループ」の他の形式にも対応している[6)](keysstaとの対応(12)、lkesitaとの対応(10)、

6) 日本語推量のダロウと韓国語の「keyss・lkesiグループ」との対応関係を調査した結果、表7.3のように偏りが見られた。しかし、hayla体において、lkesita(155例)に比べてkeyssta(3例)の用例数が少ないのはhayla体が地の文に主に使われるという特性によると考えられる(7.2.1後半参照)。そして、主にかしこまった場面に使われる、格式体であるhapsyo体のkeysssupnita(1例)とlkesipnita(5例)の用例数が少ないのは、今回の調査対象である小説が主に日常生活の打ち解けた場面を背景にしているためであると考えられる。ただし、keysseは1例も見られなかったが、それは今回の調査に限ってのこ

keysssupnitaとの対応(13)、lkesipnitaとの対応(14)、lkeyaとの対応(15))。

(12) a. 「石山さん、直しは急ぎだって言ってたのか」
「知らない。自分で確かめたら」
「しょうがないなあ。子供の使いだってもっとましだろう。最近、おまえたるんでるよ」{類}
b. "…略…어린애한테 심부름을 시켜도 그것보다 낫겠다."{볼}

(13) (子供を迷子にしているという相手の話を聞いて)
a. 「奥さん、ご心配でしょうね」{類}
b. "부인, 걱정　많 으시 겠습니다."{볼}

(14) a. 「眺めているだけで十分美しいし、使い方もそのうちに自分でみつけるでしょう。なにしろ時間だけはたっぷりとありますものね」{世}
b. "…略…사용하는 방법도 때가 되면 스스로 알게 될 겁니다.

(15) a. 「…略…日本大使館や日本のヴィザが消滅しても、かれらはそれをたいした変化には感じないだろう。…略…」{本}
b. "…略…그들은 그걸 대단한 변화라고 느끼지 못할 거야.{책}

次に「keyssグループ」においては、表4から分かるように日本語の推量のダロウはほとんどがkeyssciに対応しており(124例/97.6%)、keysskwunに対応する例はわずかで(3例/02.4%)、keyssneyに対応する例は全くなかった(0例/00.0%)。このような結果から、「keyssグループ」においては日本語の推量のダロウは一般に、keyssneyやkeysskwunではなく、keyssci

とであるか、それとも何か特別な理由があるかについてはより厳密な検討が必要であると考えられる。しかし、(13)のようなダロウ文はkeysse(yo)にでも十分置き換えることができるので、一応keysseもダロウに対応できることにする。

に対応することが確認できる(keyssciとの対応(16)、keysskwunとの対応(17))。

(16) a. 長い夏休みは私と絹代の間にさらに距離を生むだろう。{蹴}

b. 긴긴 여름 방학은 나와 키누요사이에 더욱더 먼 거리를 만들겠지.{발}

(17) a. 「ローンは夫の生命保険で返したわ。子供を作るつもりで買ったんだけど、一人じゃ広すぎるわね」「そうだろうな」{世}

b. …略…"그렇겠군"{세}

以上で述べてきた、日本語の推量のダロウとkeyss/lkesi＋終結語尾との対応関係をまとめると、次のようである。

(18) 日本語の推量のダロウとkeyss/lkesi＋終結語尾との対応関係

a. 「keyss·lkesiグループ」においては、すべての形式(keyssney、keysskwun、keyssci以外)と対応する。

b. 「keyssグループ」においては、keyssney、keysskwunとは対応しにくく、keyssciと対応しやすい。

c. つまり、日本語の推量のダロウは基本的にkeyssとlkesiに対応するが、接続する終結語尾によっては対応しにくい場合(keysneyとkeysskwun)がある。

このような対応関係は、日本語のダロウを韓国語のkeyss/lkesi＋終結語尾による表現全体との対応関係に注目せず、keyssあるいはlkesiとの対応関係を見ているだけでは、浮き彫りにならない点である。このような結果から、日本語の推量のダロウに対応する韓国語の文末形式を明らかにするためには、keyss/lkesi＋終結語尾の複合形式とも対照比較すべきであることが分かる。

ここで、「keyss·lkesiグループ」と「keyssグループ」に関する特徴をもう一つ述べる。よく知られているように、keyssとlkesiは「推量」だけではなく「意志」を表すこともできるが、これらに終結語尾まで接続した複合形式、つまり本稿での二つのグループとなるとどうなるであろうか。次のように「推量」の場合は、「keyss·lkesiグループ」と「keyssグループ」関係なく、全ての形式において自然であるが((19))、「意志」の場合は、「keyss·lkesiグループ」の形式は自然であるが、「keyssグループ」の形式は不自然である((20))。

(19) 내일 비가 오{겠다, ㄹ것이다, 겠습니다, ㄹ것입니다, 겠어, ㄹ거야, 겠네, 겠군, 겠지}. {推量}

(20) 나는 내일 학교에 가{겠다, ㄹ것이다, 겠습니다, ㄹ것입니다, 겠어, ㄹ거야, ??겠네, ??겠군, ??겠지}.{意志}

keyssney、keysskwun、keyssci以外の場合は、1人称と非過去の意志動詞という条件で、話し手の「意志」を表すことができるが、keyssney、keysskwun、keyssciの場合は、同じ条件であっても話し手の「意志」を表すことができない。つまり、「keyss·lkesiグループ」は「推量·意志」兼用形式であるのに対して「keyssグループ」は「推量」専用形式であると言えるであろう。

このように「keyssグループ」は「推量」専用形式であるにも関わらず、日本語の推量のダロウとの対応関係においては、keyssney、keysskwunとは対応しにくく、keyssciと対応しやすいという点が観察された(表7.4と(18)参照)。この点については説明が必要であると考えられる。そこで、このような問題を分析するために、「keyssグループ」に焦点をしぼってダロウと

keyssci、keyssney、keysskwunの具体的な意味用法(7.3節)や日韓両言語に共通する叙法副詞との共起関係(7.4節)を検討することにする。

7.3. 推量としてのダロウとkeyssciの意味用法

日本語のダロウ[7)]と韓国語のkeyssci[8)]の意味用法に対して、次のように共通している分析が見られる。

(21) 述語に「だろう」をともなうおしはかりの文は、経験のなかにすでに確認されている事実、あるいはすでに証明されている判断をよりどころに、そこから想像あるいは思考によってあらたにひきだされる出来事をえがきだしている。(奥田1984:59)

(22) ‘keyssci’は既に知っている情報からの推量を表す。

(Jang,K.H. 1985:133、引用者訳(韓国語原文は略する))

つまり、日本語のダロウと韓国語のkeyssci双方とも‘知識として定着した内容を根拠にした想像・思考や推論’を表すという指摘であり、意味用法の

7) 日本語のダロウについては、寺村(1984:227)、大鹿(1993:22)、仁田(2000:118-119)などにおいても同じような見解が見られる。

8) 先語末語尾keyssと終結語尾ciの組み合わせによる複合形式keyssciに関する研究は少ないように見受けられる。管見の限りでは、Jang,K.H.(1985)とPark,J.Y.(2006)が代表的なものであると考えられるが、Park,J.Y.(2006)は「‘keyssci’の構成は…略…推量された情報が既に知っていたことであることを表していると言える。(引用者訳(韓国語原文は略する))」とし、(22)のようなJang,K.H.(1985)の見解とは少し異なる。しかし、Park,J.Y.(2006)の見解において‘推量された情報が既に知っている内容である’という点は根本的に矛盾しているように考えられる。既に知っている内容なら、推量する必要がないからである。特に、Park,J.Y.(2006)の見解からは(24)aとbのような現象は説明できないであろう。

面において、相通じるところがあると考えられる。実際、以下のような言語現象をみると、ダロウとkeyssciは、根拠の性質が重要であることがわかる。

(23) a. (二、三日前に同じ道路を通ったとき、工事をしていたのを見た、という経験がある場合)
(今日もまだ)この先で工事をしているだろう。
(大鹿1993:26の内容をまとめて引用)
b. (渋滞という現実に遭遇して)
この先で工事をしている{??だろう/のだろう/ようだ/らしい}。
(大鹿1993:26の内容をまとめて引用、一部改変)

(24) a. ・순이가 이번에 시험을 잘 봤을까?(Jang,K.H.1985:134)
・잘 봤겠지. 걔야 언제나 일등하는 아이니까.
b. 눈물과 콧물로 뒤범벅이된 노인의 얼굴이 백열구 등불빛 바로 아래서 드러나자, 그 핼쓱한 몰골이 사색이었다.
…略…
"이러다가 정말 병나{??겠지/겠네/겠군}"{인생}

(23) a、b と(24) a、bは、下線の内容を根拠にした推論内容を表す文である。しかし、推論の根拠の性質によって自然な文末形式が異なることが分かる。例えば、根拠の内容が過去直接経験した内容((23)a)、あるいは過去に反復的に経験した内容((24)a)のような、話し手にとって知識として定着している内容(以下「知識内容」)である場合は、ダロウとkeyssciが自然である。それに対して、根拠の内容が話し手が発話時に知覚した内容(以下「知覚内容」)である場合は、ノダロウ、ヨウダ、ラシイとkeyssney、keysskwunが自然である。

以上の現象に基づいて、本稿では知識内容を根拠にした推論を表すダロウとkeyssciを「推量」形式とし、知覚内容を根拠にした推論を表すノダロウ·ヨウダ·ラシイとkeyssney、keysskwunを「推定」形式とする。

		推量	推定
意味用法		知識内容を根拠にした推論	知覚内容を根拠にした推論
形式	日本語	ダロウ	ノダロウ、ヨウダ、ラシイ
	韓国語	keyssci	keyssney、keysskwun

表7.5. 日韓両言語における推量と推定

一般に、韓国語学(そして、本稿でも7.2節まで)において、keyss(とlkesi)の認識的な意味を推量(あるいは推測·推定とも)としてきた。しかし、本稿では、「keyssグループ」のそれぞれの複合形式と日本語との文末形式との対応関係を整理するために、上のように規定することにする。このような規定から、認識的な意味のkeyss(とlkesi)は「推量」と「推定」を含むことができる、よりスキーマ的な意味として規定しなおす必要がある。本稿では推量であれ、推定であれ、根拠の違いはあっても双方とも一定の根拠を媒介にした推論であるので、keyss(とlkesi)の認識的な意味を「推論」として暫定的に規定しておく。

7.4. 叙法副詞との共起関係

本節では日韓両言語で対応すると思われる叙法副詞[9)]との共起関係について、推量形式と推定形式を比較しながら検討する。

9) 工藤(2000)の定義に従う。

日本語と韓国語において、叙法副詞のうち、タブン(オソラク)は아마(도)(ama(to))に、マサカは설마(selma)に、モチロンは물론(mwullon)に対応すると考えられる[10]。

まず日本語の叙法副詞タブン(オソラク)、マサカ、モチロンと推量形式、推定形式との共起関係を見ると、次のような特徴が見られる。タブン(オソラク)、マサカとの共起関係はよく知られている現象であるが、モチロンとの共起関係はあまり指摘のなかった現象である。

(25) 彼は**たぶん**来る{<u>だろう</u>/?<u>ようだ</u>/?<u>らしい</u>}。(森本(1994:54)一部改変)

(26) **マサカ**明日は雨が降らない{<u>だろう</u>/*<u>ようだ</u>/*<u>らしい</u>}。(杉村(2009:185))

(27) 「もしも英貴くんが女を殺すつもりだったなら、それこそタクシーを待たせておくでしょうか」「**もちろん**、そんなことはしたくなかった{<u>だろう</u>/?<u>ようだ</u>/?<u>らしい</u>}。けれどもタクシーを待たせてのはどっちだ?」{万華}

上の例を見ると、これらの叙法副詞が推量形式のダロウと共起する場合は自然であるが、推定形式のラシイ、ヨウダと共起する場合は不自然であることが分かる。これら叙法副詞との共起関係を検証するために、文末形式をダロウ、ヨウダ(ミタイダ)、ラシイに限定して言語資料[11]を調査した。その結果次のように上のテストと変わらない結果が得られた。

10) 日本語の副詞の意味用法については、工藤(2000)と杉村(2009)、森本(1994)などを参照。そして、韓国語の副詞の意味用法については、Son,N.I.(1995)とSeo,J.S.(2005)を参照。

11) 最後の頁参照。

	ダロウ	ヨウダ(ミタイダ)	ラシイ	計
タブン	218(98.2%)	2(0.9%)	2(0.9%)	222(100.0%)
オソラク	335(98.6%)	2(0.6%)	3(0.8%)	340(100.0%)
マサカ	195(100.0%)	0(0.0%)	0(0.0%)	195(100.0%)
モチロン	130(100.0%)	0(0.0%)	0(0.0%)	130(100.0%)

表7.6. 日本語における叙法副詞とダロウ、ヨウダ(ミタイダ)、ラシイとの共起関係

次に韓国語における叙法副詞との共起関係について検討する。韓国語学において、叙法副詞とkeyssとの共起関係についての指摘はあっても、keyss＋終結語尾の複合形式との共起関係についての指摘は見当たらない。そこで、本節では上で見た日本語での現象を踏まえて、韓国語のkeyss＋終結語尾の複合形式を対象にして、叙法副詞との共起関係を検討する。

韓国語における、叙法副詞、ama(to)、selma、mwullonとkeyssci/keyssney·keysskwunとの共起関係を検討した結果、次のような特徴が見られた。

(28) **아마도** 그는 오{겠지/?겠네/?겠군}.

(29) **설마** 내일은 비가 안 오{겠지/?겠네/?겠군}.

(30) 형은 미라에 대해서 어떻게 생각해요? 사람들이 죽은 이의 육신을 기어코 붙잡아 자연으로 돌아가지 못하도록 가로막는 행위에 대해서 말예요.
물론 그게 바람직한 일이라고는 생각하지 않{겠지요/?겠네요/?겠군요}. 그건 정말이지 흉측한 일이에요. [웃음]

上の例を見ると、日本語での現象と同様に韓国語においてもこれらの叙

法副詞が、推量形式のkeyssciと共起する場合は自然であるが、推定形式のkeyssney、keysskwunと共起する場合は不自然であることが分かる。韓国語におけるこれらの叙法副詞と共起関係を検証するために、文末形式をkeyssci、keyssney、keysskwunに限定して言語資料[12]を調査した。その結果も、次のように上のテストと同じ結果が得られた。

	keyssci	keyssney	keysskwun	計
ama(to)	177(99.4%)	0(0.0%)	1(0.6%)	178(100.0%)
Selma	136(100%)	0(0.0%)	0(0.0%)	136(100.0%)
Mwullon	307(100%)	0(0.0%)	0(0.0%)	307(100.0%)

表7.7. 韓国語における叙法副詞とkeyssci、keyssney、keysskwunとの共起関係

以上のように「知識内容」を根拠にした推論を表す、日本語ダロウと韓国語のkeyssciは、叙法副詞との共起関係において共通していることからも、その対応関係は裏付けられた。

7.5. 終わりに

本章では日本語の推量のダロウに対応する韓国語の文末形式について以下の点を述べた。

(31) 本章のまとめ

① 日本語のダロウに対応する韓国語の文末形式を明らかにするためには、keyss/lkesiと対照するだけでは不十分で、keyss/lkesi＋終結

12) 最後の頁参照。

語尾の複合形式にも注目して対照する必要がある。

② ダロウはテクストのタイプに関係なく用いられるが、keyssは主に会話文で用いられ、leksiは主に地の文で用いられる。

③ ダロウとkeyss/lkesi＋終結語尾との対応関係においては「keyss・lkesiグループ」の全ての形式と「keyssグループ」のkeyssci(「推量形式」)とは対応しやすいが、「keyssグループ」のkeyssneyとkeysskwun(「推定形式」)とは対応しにくい。

第8章

結　論

本稿では、日韓両言語における＜平叙文＞の文末形式、特に「確言形」と「概言形」を対象にし、その対応関係について考察を行なった。その際、まず「韓国語のhay(yo)体の終結語尾に対応する日本語の文末形式を分析するにあたって、日本語の終助詞に焦点をあてるべきか、それとも日本語の確言形に焦点をあてるべき」かという、問題が存する。

従来の研究においては、韓国語のhay(yo)体の終結語尾を日本語の終助詞との対応関係に焦点をあてて分析を行う場合が多かったが、本稿では、韓国語のhay(yo)体の終結語尾を日本語の確言形に焦点をあてて分析を行うことを提案した。このような提案を検証するために、検討すべき問題として以下の問題を提起した(第1章(21)と第2章(38))。

(1)　日韓両言語における＜平叙文＞の「確言形」を考察するために検討すべき問題

① 韓国語のhay(yo)体の終結語尾が担う意味に対応するものとして、日本語の終助詞ではなく、「確言形」に焦点を当てて分析できるか。

② 韓国語のhay(yo)体の終結語尾と日本語の＜平叙文＞の「確言形」との対応に焦点を当てて分析する立場をとると、韓国語のhay(yo)体の終結語尾が日本語のネやダロウといった終助詞(相当形式)のように「確認要求的表現」として用いられる場合はどのように説明すれば良いか。

③ 韓国語のhay(yo)体の終結語尾と日本語の＜平叙文＞の「確言形」との対応に焦点を当てて分析する立場をとると、韓国語の終結語尾ci(yo)における、＜平叙文＞以外の用法についてはどのように説明すれば良いか。

④ 韓国語は「知覚表明」を表す形式としてneyとkwun二つを有するが、その違いは何か。そして、その違いは日本語ではどのように表現できるか。

本稿では、このような問題を考察するために、次のような「知覚表明」と「知識表明」というエヴィデンシャルティ的な概念を導入することと「意味論」的意味と「語用論」的意味を区別することを提案した。

(2) ① 「知覚表明」と「知識表明」

「知覚表明」とは“話し手が発話時に発話現場で感覚器官によって知覚した内容の表明”であり、「知識表明」とは“話し手が既に知識として定着させている内容の表明”である。

② 「意味論」的意味と「語用論」的意味の区別

「意味論」的意味は言語形式自体が有する言語的意味の問題であり、「語用論」的意味は言語形式の具体的な使用における解釈の問題である。

以上のような考察対象と問題のありか、そして、本稿の立場について、**第1章**で述べた。以下、第2章からの考察内容を簡単にまとめると次のようである。

第2章では、(1)①を検討するために、日韓翻訳本の調査や感動詞・叙法副詞との共起関係を分析した結果、韓国語の終結語尾と日本語の終助詞の間には一対一の対応関係が見られず、韓国語の終結語尾と日本語の＜平叙文＞の確言形(の意味分類)の間において、「知覚表明」対「知識表明」という命題めあて的な意味の対立に基づいて、密接した対応関係が見出された。

このような分析結果から、基本的に韓国語の終結語尾と日本語の確言形における言語形式自体が有する意味、つまり「意味論」的意味は、命題めあて的な意味機能であると理解される。ただし、具体的な「知覚表明」と「知識表明」という命題めあて的な意味を表すにあたって、日本語の確言形の場合は、一つの確言形が具体的な使用において、二つのタイプの意味、つまり「知覚表明」であったり「知識表明」であったりするので、日本語の確言形における「知覚表明」あるいは「知識表明」という意味は、「語用論」的意味であるとも言えるであろう。

しかし、言語事実としては韓国語の終結語尾が日本語の終助詞に対応しているように見える場合も存在する。そのような場合は、韓国語の終結語尾自体が有する命題めあて的な意味機能が、発話現場で聞き手に対して発話されるという語用論的な文脈で日本語の終助詞自体が有する聞き手めあて的な意味機能(「確認内容伝達」、「注意喚起」など)としても使える場合であると考えられる。以上の内容を簡単に図で示すと次のようである。

	日本語		韓国語
＜命題めあて的意味機能(「知覚表明」「知識表明」)＞を担う形式	確言形(「意味・語用論」的意味機能)	← 対応 →	終結語尾(「意味論」的意味機能)
＜聞き手めあて的意味機能(「確認内容伝達」「注意喚起」など)＞を担う形式	終助詞(「意味論」的意味機能)	← 対応 →	終結語尾(「語用論」的意味機能)

表8.1. 日韓の＜平叙文＞の文末形式における対応関係

第3章では、(1)③を検討するために、「「知識」における確信度のスケール」に注目し、「知識表明」を表すciの様々な意味用法間の関連性を分析した。その結果、ciの文は、基本的に「知識表明」を表す＜平叙用法＞を持ち、このような意味用法は形式自体が有する「意味論」的意味として理解される。そして、「確かな知識」あるいは「不確かな知識」を述べ立てる＜平叙用法＞のciが一定の語用論的な要因が加わることによって、他の用法(＜疑問用法＞、＜命令用法＞、＜勧誘用法＞、＜意志用法＞)へ拡張することが確認できた。

第4章では、(1)④のうち、韓国語のneyとkwunの違いについて分析した。neyとkwunは基本的に「知覚表明」を表すという点においては共通している。しかし、neyとkwunは「非納得」の感動詞と「納得」の感動詞との共起において、対立的な振る舞いを示し、このような共起現象から想定できる「入力情報の処理過程(「未知情報の遭遇段階」→「関連情報の探索段階」→「未知情報と関連情報のリンク段階」)」からすると、neyは「未知情報の遭遇段階」を表しkwunは「未知情報と関連情報のリンク段階」を表すという点において異なることが確認できた。

第5章では、(1)④のうち、韓国語のneyとkwunの違いは日本語ではどのように表現できるかという問題を取り上げた。韓国語におけるneyとkwun

の違いは、意味用法や感動詞との共起関係、文脈による置き換えの可否を検討した結果から、日本語における非ノダとノダの違いと並行していることが確認でき、特に、neyは非ノダに、そしてkwunはノダに対応することが分かった。

第6章では、(1)②を検討するために、日韓の確認要求的表現の内実を分析した結果、「確認要求」や「同意要求」という機能を果たすという目的は同じであっても、その機能を発現させるメカニズムは異なり、韓国語では命題内容が知識か知覚かという命題めあて的な要因が働いており、日本語では話し手の認識と聞き手の認識の一致可否という聞き手めあて的な要因が働いていることが確認できた。

第7章では、第2章での「確言形」に関する分析に基づいて、日本語と韓国語の「概言形」のうち、核心的な形式である「推量形」を中心にその対応関係を検討した結果、日本語のダロウに対応する韓国語の文末形式を明らかにするためには、keyss/lkesiと対照するだけでは不十分で、keyss/lkesi＋終結語尾の複合形式にも注目して対照する必要があり、「keyss・lkesiグループ」の全ての形式と「keyssグループ」のkeyssci(「推量形式」)とは対応しやすいが、「keyssグループ」のkeyssneyとkeysskwun(「推定形式」)とは対応しにくいということが確認できた。

第2章で、表7.1のような日韓両言語の文末形式における対応関係について述べた。このような第2章の主張は、第3章と第6章の分析結果からも支持される。つまり、「確認要求的表現」のように韓国語の終結語尾が日本語の終助詞に対応しているように見える場合、あるいは韓国語の終結語尾ciのように＜平叙文＞以外の意味用法を持っているような場合においても、韓国語のhay(yo)体の終結語尾は基本的に＜平叙文＞における「知覚表明」と「知識表明」という命題めあて的な意味機能が根底で働いており、そのような意味機能が発話現場で具体的に使用されることによって、日本語の終助詞が有するような確認要求的な意味機能、あるいはciの＜平叙文＞以外の意味用法を発現させているのである。

このような本稿の分析結果から、日韓の＜平叙文＞の文末形式の対応関係を理解するにあたって、まず韓国語の終結語尾と日本語の確言形の対応関係に焦点をあてて理解し、その後に韓国語の終結語尾と日本語の終助詞の対応関係を理解するのが望ましいと考えられる。

参考文献

安達太郎(1999)『日本語の疑問文における判断の諸相』くろしお出版.
________(2002a)「第1章　意志・勧誘のモダリティ」宮崎和人他『新日本語文法選書4モダリティ』くろしお出版、pp.18～41.
________(2002b)「第2章 命令・依頼のモダリティ」宮崎和人他『新日本語文法選書4　モダリティ』くろしお出版、pp.42～77.
________(2002c)「第5章 質問と疑い」宮崎和人他『新日本語文法選書4 モダリティ』くろしお出版、pp.174～202.
安平鎬(2001)「韓国語の「タ」:hayss-taをめぐって」、つくば言語フォーラム(編)『「た」の言語学』ひつじ書房、pp207～250.
李翊燮・李相億・蔡琬(著)／前田真彦(訳)(2004)『韓国語概説』大修館書店.
庵功雄・高梨信乃・中西久実子・山田敏弘(2000)『中級を教えるための日本語文法ハンドブック』白川博之監修、スリーエーネットワーク.
李南姫(2001)『現代日本語の「のだ」文の総合的な研究』大東文化大学博士学位論文.
井上優・生越直樹(1997)「過去形の使用に関わる語用論的要因－日本語と朝鮮語の場合－」『日本語科学』1、国立国語研究所、pp.37～52.
井上優(1999)「状況認知と終助詞-「ね」の機能-」『日本語学』18-8、明治書院.pp.79～86.
印省熙(2006)「日本語の「のだ」と韓国語の「-ㄴ 것이다」-会話文の平叙文の場合-」『朝鮮語研究』3、朝鮮語研究会、pp.51～94.
内田安伊子(2009)『判定質問に対する返答－その形式と意味を結ぶ談話規則と推論』ひつじ書房.
大江孝男(1958)「On the Indicative Ending in Modern Korean」『言語研究』34、日本言語学会、pp.1～40.
大鹿薫久(1993)「「だろう」を述語にもつ文についての覚書き」『日本文芸研究』第45巻3号、pp.20-34.
大島弘子(2001)「「ほら」の機能について」『日本語教育』108、日本語教育学会、

pp.34～41.
大曾美恵子(1986)「誤用分析1「今日はいい天気ですね。」-「はい、そうです。」」『日本語学』5-9、pp.91～94、明治書院.
沖裕子(1997)「新用法からみた対話型接続詞「だって」の性格」『人文科学論集＜文化コミュニケーション学科編＞』第31号、信州大学人文学部、pp.119～127.
奥田靖雄(1984)「おしはかり(一)」『日本語学』3-12、明治書院、pp.54～69.
生越直樹(1980)「他動詞の再帰性と使役の関係-日本語と朝鮮語の対照を通して-」『待兼山論叢(日本学)』13、大阪大学文学部、pp.3～22.
________(1982)「日本語漢語動詞における能動と受動-朝鮮語hata動詞との対照-」『日本語教育』48、日本語教育学会、pp.53～65.
________(1989)「文法の対照的研究－朝鮮語と日本語－」『講座日本語と日本語教育5』明治書院、pp.341～362.
________(1995)「朝鮮語hayssta形、hay issta形(hako issta形)と日本語シタ、シテイル形」『研究報告集』16、国立国語研究所、pp.185～206.
________(1997)「朝鮮語と日本語の過去形の使い方について－結果状態との関係を中心に－」『日本語と外国語の対照研究Ⅳ日本語と朝鮮語下巻研究論文編』国立国語研究所、pp.139～152.
________(2008)「現代朝鮮語における様々な自動・受動表現」『ヴォイスの対照研究東アジア諸語からの視点』くろしお出版、pp.155～185.
________(2011)「日本語と朝鮮語は本当に似ているか属格助詞の対照研究」東京大学言語情報科学専攻編『言語科学の世界へことばの不思議を体験する45題』東京大学出版会、pp.46～60.
尾上圭介(2001)『文法と意味Ⅰ』くろしお出版.
梅田博之(1990)「朝鮮語と日本語の述語構造の枠組み」『日本語教育』72号、日本語教育学会、pp.42～52.
________(1995)「韓国語の述語の構造」『小出記念日本語教育研究会論文集』4、小出記念日本語教育研究会、pp.1～14.
梅田博之・村崎恭子(1982)「現代朝鮮語の文構造」『講座日本語学10外国語との対照Ⅰ』寺村秀夫他編、明治書院、pp.53～67.

加藤重広(2004)『シリーズ・日本語のしくみを探る6日本語語用論のしくみ』研究社.
神尾昭雄(1990)『情報のなわ張り理論　言語の機能的分析』大修館書店.
神尾昭雄(2002)『続・情報のなわ張り理論』大修館書店.
北野浩章(1993)「日本語の終助詞「ね」の持つ基本的な機能について」『言語学研究』12、京都大学言語学研究会、pp.73～88.
金水敏・田窪行則(1990)「談話管理理論からみた日本語の指示詞」『認知科学の発展』3、日本認知科学学会、講談社、pp.85～115.
________________(1992)「日本語指示詞研究史から／へ」『日本語研究資料集指示詞』ひつじ書房、pp.151～192.
金廷珉(2009)「「のだ」と「것이다(KES-ITA)」の談話機能の対比」『日本語言語学会第138回大会予稿集』pp.112～117.
金賢善(1994)「韓国語文末表現の構造分析－日本語の終助詞「ね」、「よ」と対応させて－」『ことばの科学』第7号、名古屋大学言語文化部言語文化研究委員会、pp.105～121.
木村英樹・森山卓郎(1997)「聞き手情報配慮と文末形式－日中両語を対照して－」大河内康憲編『日本語と中国語の対照研究論文集』、くろしお出版、pp.235～275.
工藤浩(2000)「第3章 副詞と文の陳述的なタイプ」森山卓郎他『日本語の文法3モダリティ』岩波書店、pp.161～234.
河野六郎(1979)「朝鮮語の膠着性に就いて」『河野六郎著作集1』平凡社.
________(1989)「日本語の特質」『言語学大辞典　第2巻　世界言語篇㊥』p.1574.
国立国語研究所(1960)『話しことばの文型(1)－対話資料による研究－』秀英出版.
近藤安月子(2002)「会話に現れる「ノダ」－「談話連結語」の視点から－」上田博人編『シリーズ言語科学日本語学と言語教育』東京大学出版会、pp.225～248.
__________(2011)「「します」と「するんです」ノダの意味と機能」東京大学言語情報科学専攻編『言語科学の世界へことばの不思議を体験する45題』東京大学出版会、pp.2～15.
佐久間鼎(1941)『日本語の特質』育英書院(くろしお出版、1995復刊).
定延利之・田窪行則(1995)「談話における心的操作モニター－機構心的操作標識「え

えと」と「あの(−)」−」『言語研究』108、日本言語学会、pp.74〜93.
白川博之(1992)「終助詞『よ』の機能」『日本語教育』77、日本語教育学会、pp.36〜48.
白川博之(2009)『「言いさし文」の研究』くろしお出版.
杉村泰(2009)『現代日本語における蓋然性を表すモダリティ副詞の研究』ひつじ書房.
泉子・K・メイナード(1992)『会話分析』くろしお出版.
滝浦真人(2008)『ポライトネス入門』研究社.
田窪行則(1995)「音声言語の言語的モデルをめざして−音声対話管理標識を中心に−」『情報処理』36−11、pp.1020〜1026.
________(2005)「感動詞の言語学的位置づけ」『月刊言語』34−11、大修館書店.pp.14〜21.
________(2010)『日本語の構造　推論と知識管理』くろしお出版.
田窪行則・金水敏(1996)「複数の心的領域による談話管理」『認知科学』3−3、日本認知科学会、pp.59〜74.
___________(1997)「応答詞・感動詞の談話的機能」『文法と音声』音声文法研究会編、くろしお出版、pp.257〜279.
平香織(2009)「韓国語の半言と日本語の終助詞の類似点・相違点の提示−半言の用法分類からの試み−」『日本言語学会　第138回予稿集、日本言語学会』、pp.124〜129.
田野村忠温(1990a)「文における判断をめぐって」『アジア諸言語と一般言語学』三省堂、pp.785〜795.
__________(1990b)『現代日本語の文法Ⅰ−『のだ』の意味と用法−』、和泉書院.
鄭聖女(2006)『シリーズ言語対照第9巻 韓日使役構文の機能的類型論的研究 動詞基盤の文法から名詞基盤の文法へ』くろしお出版.
陳常好(1987)「終助詞−話し手と聞き手の認識のギャップをうめるための文接辞−」『日本語学』6−10、明治書院、pp.93〜109.
塚本秀樹(1990)「日朝対照研究と日本語教育」『日本語教育』72、日本語教育学会、pp.68〜79.
________(1997)「日本語と朝鮮語の対照研究」『日本語と外国語の対照研究Ⅳ 日

本語と朝鮮語』、国立国語研究所、pp.37～50
寺村秀夫(1984)『日本語のシンタクスと意味　第Ⅱ巻』くろしお出版.
冨樫純一(2002)「談話標識「ふーん」の機能」『日本語文法』2－2、日本語文法学会、pp.95～111.
________(2005)「驚きを伝えるということ－感動詞「あっ」と「わっ」の分析を通して－」串田秀也他編『シリーズ文と発話1　活動としての文と発話』ひつじ書房、pp.229～251.
名嶋義直(2007)『ノダの意味・機能－関連性理論の観点から－』くろしお出版.
西山佑司(2003)『日本語名詞句の意味論と語用論－指示的名詞句と非指示的名詞句－』ひつじ書房.
西山佑司(2004)「第1章　語用論の基礎概念」『言語の科学7　談話と文脈』岩波書店.pp.1～54.
仁田義雄(1991)『日本語のモダリティと人称』ひつじ書房.
________(1997a)『日本語文法研究序説』くろしお出版.
________(1997b)「「伊達さん、結婚するだろうか」－＜問いかけ＞と＜疑いの表明＞－」『月刊言語』26-2．大修館書店、pp.24～31.
________(2000)「第2章　認識のモダリティとその周辺」『日本語の文法3　モダリティ』森山卓郎他、岩波書店、pp.79～159.
日本語記述文法研究会(編)(2003)『現代日本語文法4 第8部モダリティ』くろしお出版.
______________________(2009)『現代日本語文法7 第12部談話 第13部待遇表現』くろしお出版.
______________________(2010)『現代日本語文法1 第1部総論 第2部形態論』くろしお出版.
日本語文法学会誌展望小委員会(2006)「特別記事:日本語文法学界の展望」『日本語文法』6-1、日本語文法学会、pp.148～186
丹羽哲也(1988)「有題文と無題文、現象(描写)文、助詞「が」の問題(上・下)」『国語国文』第五十七巻第六・七号、京都大学文学部国語国文学研究室、pp.41～58(上)、pp.29～49(下).
野田春美(1997)『「の(だ)」の機能』くろしお出版.

________(2002)「第8章　終助詞の機能」『新日本文法選書4　モダリティ』くろしお出版、pp.261～288.

野間秀樹(1988)「＜하겠다＞の研究－現代朝鮮語の用言のmood形式をめぐって」『朝鮮学報』134、朝鮮学報、 pp. 1－64.

________(1997)「朝鮮語の文の構造について」『日本語と外国語の対照研究Ⅳ　日本語と朝鮮語 下巻 研究論文編』国立国語研究所、pp.103～138.

________(2006)「現代朝鮮語の丁寧化のマーカー"-yo/-iyo"について」『朝鮮学報』199・200合併号、朝鮮学会、pp.37～81.

野村剛史(2003)「モダリティ形式の分類」『国語学』54-1、日本語学会、pp.17～31.

________(2004)「第3章 述語の形態と意味」尾上圭介編『朝倉日本語講座6 文法Ⅱ』朝倉書店、pp.81～127.

蓮沼昭子(1988)「続・日本語ワンポイントレッスン　第2回」『月刊　言語』17-6、大修館書店、pp.94～95.

________(1995a)「対話における確認行為「だろう」「じゃないか」「よね」の確認用法」仁田義雄編『複文の研究(下)』くろしお出版、pp.389～419.

________(1995b)「談話接続語「だって」について」『姫路獨協大学外国語学部紀要』第8号、姫路獨協大学外国語学部、 pp.265～281.

東森勲・吉村あき子(2003)『英語学モノグラフシリーズ21 関連性理論の新展開－認知とコミュニケーション－』研究社.

許明子(2004)『シリーズ言語学と言語教育第3巻 日本語と韓国語の受身文の対照研究』ひつじ書房.

堀江薫(2001)「膠着語における文法化の特徴に関する認知言語学的考察－日本語と韓国語を対象に－」山梨正明他編『認知言語学論考』1、ひつじ書房、pp.185～227.

________(2002)「日韓両言語の補文構造の認知的基盤」『シリーズ言語科学3　認知言語学Ⅱ:カテゴリー化』大堀壽夫編、東京大学出版会、pp.255-276.

堀江薫・プラシャント・パルデシ(2009)山梨正明編『講座認知言語学のフロンティア5　認知類型論のアプローチ　言語のタイポロジー』研究社.

堀江薫・金廷珉(2008)「「主観化・間主観化」の観点から見た日本語・韓国語の文法

現象－Elizabeth C. Traugott教授の文法化研究の新展開」『月刊言語』37－2、大修館書店、pp.84～89.
益岡隆志(1991)『モダリティの文法』くろしお出版.
________(2007)『日本語モダリティ探究』くろしお出版.
益岡隆志・田窪行則(1992)『基礎日本語文法–改訂版–』くろしお出版.
三尾砂(1948)『国語法文章論』三省堂.
三宅知宏(1996)「日本語の確認要求的表現の諸相」『日本語教育』89、日本語教育学会、pp.111～122.
宮崎和人(1992)「現代日本語の判定文について」『広島修大論集 人文編』32–2、pp.35～63.
________(2002a)「序章 モダリティの概念」宮崎和人他『新日本語文法選書4 モダリティ』くろしお出版、pp.1～15.
________(2002b)「第4章 認識のモダリティ」宮崎和人他『新日本語文法選書4 モダリティ』くろしお出版、pp.121～171.
________(2002c)「第6章 確認要求」宮崎和人他『新日本語文法選書4モダリティ』くろしお出版、pp.203～227.
________(2002d)「終助辞「ネ」と「ナ」」『阪大日本語研究』14、大阪大学大学院文学研究科日本語学講座、pp.1～19.
________(2005)『現代日本語の疑問表現－疑いと確認要求－』ひつじ書房.
宮崎和人・安達太郎・野田春美・高梨信乃(2002)『モダリティ』くろしお出版.
村崎恭子(1997)「述語の構造－日本語・韓国語・アイヌ語－」『日本語と外国語の対照研究Ⅳ 日本語と朝鮮語 下巻 研究論文編』国立国語研究所、pp.23～54.
文彰鶴(2008a)「現代韓国語の名詞述語文–「名詞＋iyo」と「名詞＋iyeyo」の用法上の違いを求めて–」『日本語と朝鮮語の対照研究』Ⅱ(東京大学21世紀COEプログラム「心とことば–進化認知科学的 展開」報告書)、pp.267～291.
________(2008b)「종조사ね의 다의성(終助詞ねの多義性)」『일본어의 언어표현과 커뮤니케이션 연구』J &C、pp.97～113.
________(2010a)「日本語の推量のダロウに対応する韓国語の文末形式–겠지との

対応を中心に−」『日語日文學研究』74−1、韓国日語日文學会、pp.21～39.
________(2011a)「日本語と韓国語の文末形式に関する対照研究−「知覚表明」と「知識表明」の概念を中心として−」『言語情報科学』9、東京大学大学院総合文化研究科言語情報科学専攻、pp.31～47.
________(2011b)「現代韓国語の終結語尾−ci(yo){−지(요)}の多義性」『神奈川大学言語研究』33、神奈川大学言語研究センター、pp.45～63.
森本順子(1994)『話し手の主観を表す副詞について』くろしお出版.
森山卓郎(1989)「コミュニケーションにおける聞き手情報−聞き手情報配慮非配慮の理論−」『日本語のモダリティ』くろしお出版、pp.95～120.
________(1992)「日本語における「推量」をめぐって」『言語研究』101、日本言語学会、pp.64～83.
________(1995a)「情動的感動詞考」『語文』65、大阪大学国語国文学会、pp.51～62.
________(1995b)「ト思ウ、ハズダ、ニチガイナイ、ダロウ、副詞～ø−不確実だが高い確信があることの表現」宮島達夫・仁田義雄(編)『日本語類義表現の文法(上)単文編』くろしお出版、pp.171～182.
________(1996)「情動的感動詞考」『語文』65、大阪大学国語国文学会、pp.51～62.
________(2000)「第1章 基本叙法と選択関係としてのモダリティ」森山卓郎他『日本語の文法3 モダリティ』岩波書店、pp.1～78.
________(2004)「引き延ばし音調について」『文法と音声Ⅳ』音声文法研究会編、くろしお出版、pp.231～255.
________(2008)「談話におけるエコー表現－相手の発話を受ける「ね」「ねえ」「か」を中心に－」串田秀也他編『「単位」としての文と発話』ひつじ書房、pp.27～44.
森山卓郎・長敬茹(2002)「動作発動の感動詞「さあ」「それ」をめぐって」『日本語文法』2−2、日本語文法学会、pp.128～143.
森山卓郎・仁田義雄・工藤浩(2000)『日本語の文法3 モダリティ』岩波書店.
吉本啓(1992)「日本語の指示詞のコソアの体系」『日本語研究資料集 指示詞』ひつ

じ書房、pp.105～122.
鷲尾龍一(1997)「比較文法論の試み－ヴォイスの問題を中心に－」『ヴォイスに関する比較言語学的研究』三修社、pp. 1 ～66.
Ko, Y.K.고영근(1974)「현대국어 종결어미에 대한 구조적 연구」『語學硏究』10-1、서울대학교언어연구소、pp.118～157.
______________(1976)「現代國語의 文體法에 대한 硏究」『語學硏究』12-1、서울대학교언어연구소、pp.17～53.
Kim, K.C.김규철(1988)「모습의 '겠'과 바탕의 '을 것'」『관악어문연구』13、서울대학교국어국문학과、pp.1-23.
Kim, M.S.김민수(1960)『국어문법론 연구』통문관.
______________(1978)『인문계 고등학교 문법』어문각.
Nam, K.S.남기심(2001)『현대국어통사론』태학사.
Nam, K.W.남광우·Yu, C.D.유창돈·Lee, U.B.이응백(1965)『중학 문법』 국정교과서 주식회사.
Noh, D.K.노대규(1997)『한국어의 감탄문』국학자료원.
Park, J.Y.박재연(1999)「국어 양태 범주의 확립과 어미의 의미 기술:인식 양태를 중심으로」『국어학』34、국어학회、pp.199～225.
______________(2006)『한국어 양태 어미 연구』國語學會、太學社.
Seo, J.S.서정수(1996)『수정증보판 국어문법』한양대학교출판원.
______________(2005)『한국의 탐구32 한국어의 부사』서울대학교출판부.
Son, N,I.손남익(1995)『국어부사연구』박이정출판사.
Son, H.S.손현선(1998)「이른바 반말 종결 형태의 양태적 연구」『국어 문법의 탐구』4、태학사、pp.251～304.
Song, J.M.송재목(1998)「안맺음씨끝 '-더-'의 의미 기능에 대하여 : 유형론적 관점에서」『국어학』32、국어학회、pp.135～169.
Shin, S.K.신선경(2001)「'-군(요)'와 '-네(요)'의 쓰임에 대한 연구-서술 시점의 차이를 중심으로-」『형태론』3-1、박이정、pp.69～84.
Oh, S.S.오승신(1994)『국어의 간투사 연구』이화여자대학교 국어국문학과 박사학위논문.
Yoon, S.M.윤석민(2000)『현대국어의 문장종결법 연구』집문당.

Lee, N.S.이남순(1981)「'겠'과 'ㄹ것'」『관악어문연구』6、서울대학교국어국문학과、 pp.183-203.

Lee, U.B.이응백·An, B.H.안병희(1978)『인문계 고등학교 문법』보진재.

Lee, I.S.이익섭(2005)『한국의 탐구33 한국어 문법』서울대학교출판부.

Lee, I.S.이익섭·Chay, W.채완(2000)『국어문법론강의 再版』學研社.

Lee, H.H.이현희(1982)「국어 종결 어미 발달에 관한 관견」『국어학』11、pp.143～164.

Lee,H.S.이홍식(1995)「'-더-'의 의미에 관하여」『관악어문연구』20、서울대학교 국어국문학과、pp.327 ～353.

Lee, H.J.이희자·Lee, J.H.이종희(2001)『한국어 학습용 어미·조사 사전』한국문화사.

Jang, K.H.장경희(1985)『現代國語의 樣態範疇研究』塔出版社.

Jang, S.J.장석진(1973)「話의 生成的 研究」『語學研究』9-2(別卷)、pp.1～149.

Jeong, Y.N.정유남(2009)「반말체 종결어미 {-지}와 {-어}의 서법성 연구」『국어의 시제, 상, 서법』홍종선외、박문사、pp.183～250.

Choi, H.C.최호철(2000)「현대 국어 감탄사의 분절 구조 연구-감정감탄사를 중심으로-」『한국어내용론』국학자료원. pp.361～408.

Choi, H.B.최현배(1937)『우리말본』정음문화사.

Han, K.한길(2004)『현대 우리말의 마침씨끝 연구』역락.

__________(2005)『현대 우리말의 반어법 연구』역락.

__________(2006)『현대 우리말의 형태론』역락.

Han, T.W.한동완(1996)『국어의 시제 연구』태학사.

Heo, W.허웅(2000)『〈고친판〉 20세기 우리말의 형태론』샘문화사.

Aikhenvald, A.Y.(2003) "Evidentiality in typological perspective," Aikhenvald and Dixon(eds.). *Studies in Evidentiality*: pp.1-31.

Aikenvald, A.Y(2004) *Evidentiality*. Oxford U.P.

Aikhenvald·Dixon(eds.)(2003) *Studies in Evidentiality*. Amsterdam:John Benjamins.

Akatuka, Noriko.(1985) Conditionals and epistemic scale. *Language* 61,625-639.

Blakemore, D.(1992) *Understanding utterances,* Blackwell.(武内道子他訳(1994)『ひとは発話をどう理解するか－関連性理論入門－』ひつじ書房.)

Bolinger, Dwight.(1974) "Concept and Percept: Two Infinitive Constructions and Their Vicissitudes," In:The Phonetic Society of Japan(ed.), *World Papers in Phonetics:Fretschrift for Dr. Onishi's Kiju*(大西博士喜寿記念　音聲學世界論文集).日本音声学会、pp.44～56.

Bybee, Joan.(1985) *Morphology:a study of the relation between meaning and form.Amsterdam:* John Benjamins {Typological Studies in Lagugage9}.

Chafe, W.・Nichols, J.(eds)(1986) *Evidentiality:the linguistic coding of epistemology.* Norwood,NJ:Ablex.

DeLancy, Scott.(1986) Evidentiality and volitionality in Tibetan. In Chafe and Nichols(eds.), 203-213.

Gilbert Lazard.(2001) "On the grammaticalization of evidentiality," *Journal of Pragmatics* 33: pp.359-367.

Grice, Herbert Paul.(1975) "Logic and Conversation," Syntax and Swmantics3 :Speech Acts, ed. By Peter Cole and Jerry Morgan: pp.41-58, Academic Press. New York.

Grice, Herbert Paul.(1989) Studies in the Way of Words, Harvard Universty Press, Cambridge, MA.(清塚邦彦訳(1998)『論理と会話』勁草書房.)

Horie, Kaoru. and Kaori Taira.(2002)"Where Korean and Japanese Differ:Modality vs. Discourse Modality,"Noriko Akatsuka and Susan Strauss (eds.), *Japanese/Krorean Linguistics* 10: pp.178-191.CSLI.

Lee, Hyo-Sang.(1991) *Tense, Aspect, and Modality: A Discourse-Pragmatic Analysis of Affixes in Korean from a Typological Perspective.* Doctoral Dissertaion. UCLA.

Lee, Hyo-Sang.(1993) Cognitive constraints on expressing newly perceived information, with reference to epistemic modal suffixes in Korean. *Cognitive Linguistics* 4.2, 135-167.

Lee, Hyo-Sang.(1999) A discourse-pragmatic analysis of the Commital *-ci* in Korean: A synthetic approach to the form-meaning relation. *Journal of Pragmatics* 31,243-275.

Leech, G.(1983) Principles of Pragmatics. London:Longman. (池上嘉彦・河上誓作訳(2000)『語用論』(復刊版)、紀伊国屋書店.)

Patrick Dendale・Liliane Tasmowski.(2001)"Introduction : Evidentiality and related notions," *Studies in Languages* 12-1; pp.51-97.

Robin Carston.(2002) *Thoughts and Utterances:The Pragmatics of Explicit Communication*, Blackwell.(内田聖二他訳(2008)『思考と発話－明示的伝達の語用論－』研究社)

Shiffrin, Deborah.(1987) *Discourse markers.* Cmabridge: Cambridge university Press.

Shon, Ho-Min.(1999) *The Korean Language:* Cambridge university Press.

Sperber,D.&Wilson,D.(1986) *Relevance:Communication and Cognition,* Blackwell.(2nd ed.)(内田聖二他訳(1999)『関連性理論－伝達と認知第2版』研究社.)

Thomas Willet.(1988) "A Cross-Linguistic survey of the grammaticization of evidentiality," *Studies in Languages* 12-1: pp.51-97.

Vladmir A. Plungian.(2001) "The place of evidentiality within the universal grammatical space," *Journal of Pragmatics* 33: pp.349-357.

用例の出典([　]は用例の略号)

＜日本語の原本と韓国語の翻訳本(手作業で採集)＞

- 村上春樹(1985)『世界の終わりとハードボイルド・ワンだーランド＜上・下＞』[世]
  김진욱 (1996) 『세계의 끝과 하드보일드 원더랜드1・2』[세]
- 綿矢りさ(2003)『蹴りたい背中』[蹴]
  정유리(2004)『발로 차 주고 싶은 등짝』[발]
- 桐野夏生(1999)『柔らかな頬(上)』[頬]
  권남희(2000)『부드러운 볼(1)』[볼]
- 宮部みゆき(2003)『ブレイブ・ストーリー第１部』[ブ]
  김해용(2006)『브레이브 스토리(1)』[브]
- 吉本ばなな(1988)『哀しい予感』[哀]
  김난주(2007)『슬픈 예감』[슬]
- 小川洋子(2003)『博士の愛した数式』[博]
  김난주(2004)『박사가 사랑한 수식』[박]
- 村上龍(1994)『五分後の世界』[五]
  이창종(1995)『오분후의 세계』[오]
- 大江健三郎(2005)『さようなら、私の本よ！第1部』[本]
  서은혜(2008)『책이여 안녕 제1부』[책]
- 江國香織(2001)『東京タワー』[東]
  신유희(2005)『도쿄타워』[도]

＜日本語(以下以外の日本語の用例は上の日本語原本から採集)＞

- 『世にも奇妙な物語』[世にも](『http://www.plala.or.jp/ban/script.html』から採集)
  (以下は『現代日本語書き言葉均衡コーパス』モニター公開データ (2009年度版) から採集)
- 『ピーター・パン』[パン]
- 『ふとっていたっていいじゃない』[いいじゃない]

- 『ニッポンの食遺産』[食遺産]
- 『パラサイト・イヴ』[イヴ]

＜韓国語（『2007年度21世紀世宗計画最終成果物コーパス』から採集）＞

- 『가면 지우기』{지우기}
- 『가장 멀리 있는 나』{가장}
- 『경마장에서 생긴 일』{경마}
- 『그대의 차가운 손』{손}
- 『나비, 봄을 만나다』{나비}
- 『나의 미끄럼틀 그리고 오후』{오후}
- 『너를 보면 살고 싶다』{너를}
- 『로암미들의 겨울』{겨울}
- 『마지막 연애의 상상』{상상}
- 『미란』{미란}
- 『보라색 커튼』{커튼}
- 『사랑은 사슴처럼』{사슴}
- 『섬, 나는 세상 끝을 산다』{섬}
- 『식물들의 사생활』{사생활}
- 『어느 개의 인간적인 추억』{추억}
- 『어둠의 자식들』{어둠}
- 『오디션』{오디션}
- 『춤에 부치는 노래』{노래}
- 『펭귄의 날개』{펭귄}
- 『향기로운 우물 이야기』{우물}
- 『가면의 춤(하)』{가면}
- 『겨울우화』{우화}
- 『귀여운 남자』{남자}
- 『꿈꾸는 마리오네뜨』{꿈}
- 『나의 깨끗한 들깨{들깨}
- 『낯선 여름』{여름}
- 『랍스터를 먹는 시간』{시간}
- 『마법성의 수호자』{마법성}
- 『모내기 블루스』{모내기}
- 『배낭여행』{배낭}
- 『사람의 향기』{향기}
- 『사랑의 이름으로』{이름}
- 『숨은 사랑』{숨은}
- 『아름다운 그 시작』{시작}
- 『어둔 하늘 어둔 새』{하늘}
- 『영웅시대1』{영웅}
- 『전우치는 살아 있다』{전우치}
- 『통도사 가는 길』{통도사}
- 『해남 가는 길』{해남}
- 『황만근 이렇게 말했다』{황만근}

저자소개

문 창 학

· 한국외국어대학교 일본어대학 강사
· 한국외국어대학교 일본어과 졸업, 동 대학 대학원일어일문학과 (석사),
· 도쿄(東京)대학 총합문화연구과 언어정보과학전공(석사/박사)
· 가나가와(神奈川)대학 외국어학부 Assistant Professor 역임

주요논문

· 「종조사 ね의 다의성」『일본어의 언어표현과 커뮤니케이션 연구』, 제이앤씨, 2008년도
· 「推量形式に関する日韓対照研究」『モダリティと言語教育』ひつじ書房、2012年度
· 「日本語の文末の「カネ」」『日本研究』53、2012年度
· 「コピュラ文に関する日韓対照研究-デスと예요/요の対応関係を中心に-」『日本言語文化』24、2013年度

平叙文の文末形式に関する日韓対照研究

－エヴィデンシャルティと意味論・語用論の観点から－

초판인쇄 2013년 11월 10일
초판발행 2013년 11월 22일

저　　자 문 창 학
발 행 인 윤 석 현
발 행 처 제이앤씨
책임편집 최인노 · 김선은
등록번호 제7-220호

우편주소 ㊥ 132-702 서울시 도봉구 창동 624-1 북한산 현대홈시티 102-1106
대표전화 02) 992 / 3253
전　　송 02) 991 / 1285
홈페이지 http://www.jncbms.co.kr
전자우편 jncbook@hanmail.net

ISBN 978-89-5668-995-1 93730 정가 17,000원